# CIBERSEGURIDAD

## Guía completa para principiantes aprende todo de la ciberseguridad de la A a la Z

ELIJAH LEWIS

# TABLA DE CONTENIDO

# Introduction

La ciberseguridad se ha ido desarrollando como un nuevo concepto en el mundo. Tiene el potencial de interrumpir la paz mundial y también de mantenerla aún mejor. Había sido un ávido lector de ciencia ficción durante los últimos años. Un día estaba leyendo una novela sobre un ciberataque a la instalación nuclear del estado cuando espié por un tiempo y tuve una pesadilla. Lo que vi en el sueño se asemejaba al clímax de una de las películas de la franquicia X-Men en la que Apocalipsis activa los misiles nucleares de todo el mundo para iniciar y golpear a los objetivos en otros países. Vi que un poderoso grupo de hackers que pertenecía a un estado-nación pícaro hackeó los sistemas de redes informáticas de Corea del Norte y liberó las ojivas nucleares apuntando a los Estados Unidos. Esto dio inicio a una serie de ataques y refutaciones de otras naciones. Fue como una reacción en cadena que terminó hasta que no quedó nada en el mundo. Sólo la idea de ello era destructiva, por decir lo menos.

Más de una vez, creo que lo que habría sucedido si Corea del Norte hubiera logrado cerrar la red eléctrica de los Estados Unidos en lugar de robar documentos de Sony Pictures Entertainment. ¿Qué habría pasado? ¿Cuál sería la reacción de los Estados Unidos si hubiera ocurrido? Algunos analistas de defensa creen que los ataques de ciberseguridad son una bendición disfrazada, ya que ofrecen a los países el uso de representantes para reivindicar los sentimientos de venganza. Salva al mundo de aterrizar en una guerra total. Algunos dicen que es la amenaza más grave en la historia del mundo, ya que el atacante es desconocido lo que causa confusión, y la confusión dará lugar a un estado de guerra. Por lo tanto, esto puede empeorar el asunto.

## Lo que este libro tiene para ofrecer

Este libro tiene como objetivo cubrir una amplia gama de temas relacionados con cuestiones de ciberseguridad. Este libro está escrito para los estudiantes de tecnología y relaciones internacionales, como se discute desde una amplia gama de aspectos el tema de la ciberseguridad y sus repercusiones geopolíticas. Este libro se divide en diferentes capítulos que tratan de una amplia gama de temas y subtemas. Aquí hay un desglose capítulo del libro para darle una idea de lo que encontrará dentro de los capítulos.

- El primer capítulo tiene por objeto tratar los fundamentos de la ciberseguridad. Usted tendrá la definición de ciberseguridad. Aprenderás sobre la importancia de la protección de los teléfonos inteligentes y las aplicaciones web, y las redes sociales y su papel en la ciberseguridad. El siguiente tema es la importancia de las redes de correo electrónico y ciertos dispositivos electrónicos y su papel en garantizar la seguridad. El capítulo continúa tratando la cuestión del surgimiento de la ciberseguridad en el mundo moderno. Discutiré en detalle cómo la ciberseguridad como campo de estudio saltó a la fama después de que los hackers irrumpiera en varias instalaciones e instituciones estatales. El capítulo concluye explicando qué es la web oscura y por qué es tan importante para los hackers. Explica lo que sucede en la red oscura, cómo funciona y cómo una persona común puede usarla. También desacreditaré el mito y probaré que la telaraña oscura no es, después de todo, tan oscura. En su lugar, los usuarios comunes utilizan la web oscura para garantizar su privacidad en línea. Sin embargo, algunos argumentos van directamente contra la web oscura, especialmente la tendencia de la web oscura a facilitar algunas actividades ilegales como el transporte de algunas drogas prohibidas a través de los servicios postales.

- El segundo capítulo explica por qué un ciberdelincuente ataca una instalación por qué se infiltra en una infraestructura crítica. Explicaré la importancia del motivo del beneficio detrás de un ataque. El ciberespionaje es un motivo que mantiene a los hackers al límite. He categorizado el espionaje en dos partes, como impulsada por el sector corporativo y respaldada por la maquinaria estatal. Un sector corporativo espía a sus competidores para robar sus secretos comerciales mientras la maquinaria del Estado hace esto para conocer el estado estratégico de sus competidores. Luego pasaré a explicar qué tipo de industrias están en el extremo débil del espectro cuando se trata de un ciberataque. Te explicaré cuál es el punto de atracción que un hacker ve cuando ataca a una industria. Encubriré diferentes industrias como el sector de la salud, los departamentos del sector público, las empresas financieras y el sector alimentario.

- Los ciberataques no siempre se trata de unas pocas computadoras e internet de las cosas (IoT). A veces las cosas van al mundo físico y eso es lo que doblamos como ingeniería social. Voy a entrar en las profundidades de la ingeniería social, como cómo ejecutarla y cuáles son los objetivos de la ingeniería social. Explicaré cómo llevar a cabo un ataque de ingeniería social eficientemente. También explicaré por qué el ataque de ingeniería social se hace necesario para lograr el objetivo de un hacker. Varios factores entran en juego cuando los hackers planean un ataque de ingeniería social. Esto abarca alrededor del factor de confianza entre el manipulador y la víctima. La ingeniería social es un método astuto para manipular a un empleado de la organización que un hacker quiere atacar. Al final del capítulo, he dado algunos pasos prácticos para contrarrestar este tipo de manipulación y ataque. Si le das una lectura cuidadosa, podrás capacitar a tus empleados para que conquisten una situación de este tipo de manera efectiva. Explicaré por qué los empleados de una organización son la herramienta más poderosa y, al mismo tiempo, son también la parte más vulnerable de una organización.

- El cuarto capítulo continúa explicando qué es el terrorismo cibernético. Voy a explicar las definiciones básicas de un ciberataque, y luego pasaré a explicar diferentes tipos de terrorismo cibernético que son frecuentes en el mundo hoy en día. El capítulo lleva a cabo una discusión detallada sobre los efectos del terrorismo cibernético en el mundo y también cómo afecta al escenario de seguridad del mundo. El capítulo termina en múltiples contramedidas a raíz del terrorismo cibernético. Tengo la intención de equiparlo con los últimos conocimientos sobre los diferentes tipos de terrorismo cibernético y cómo se puede contrarrestar. Desde este ángulo, explicaré la importancia de la ciberseguridad en el mundo moderno.

- El siguiente capítulo explica lo que es el ciberespionaje. Usted será navegado a través de diferentes tácticas que los espías cibernéticos utilizan para penetrar en un sistema informático. Voy a echar un vistazo a fondo a los asuntos actuales de ciberespionaje. El capítulo terminará explicando algunos de los últimos ataques de ciberespionaje que han afectado seriamente a diferentes instalaciones en todo el mundo.

- El sexto capítulo del libro es bastante interesante, y es bastante panorámico en su alcance. La ciberguerra es bastante común hoy en día y se ha convertido en una herramienta para iniciar una guerra de poderes en lugar de ir a una guerra total para minimizar las amenazas. Al principio del capítulo, voy a dar una breve historia de la ciberguerra. Luego pasaré a tener una visión general de las armas que se utilizan en un ataque de ciberguerra. Encontrarás una lista de armas junto con una breve explicación de cada una de ellas. Entonces pasaré a discutir sobre las medidas defensivas que un Estado-nación puede tomar contra la ciberguerra.

- El séptimo capítulo gira en torno a la piratería ética y por qué es tan importante garantizar la ciberseguridad. Voy a explicar cuáles son los peligros que pueden plagar un sistema cibernético. Voy a explicar quién es un hacker ético el trabajo importante que tiene para asegurar el ciberespacio de una organización. Usted llegará a conocer el momento del ataque de piratería ética, como cómo escenificar un ataque y cuáles son los objetivos que se pueden lograr a través de un ataque de piratería ética. Mi argumento es convencerle de la importancia de la piratería ética y de cómo puede contribuir a la seguridad de su organización.

- El siguiente capítulo se centra en el internet de las cosas y las vulnerabilidades que pueden llevar consigo. Voy a explicar por qué es importante comprobar el internet de las cosas antes de comprarlas y cuáles son la debilidad inherente que plaga el Internet de los dispositivos de la cosa. El capítulo es importante debido al hecho de que ignoramos lo vulnerables que son nuestro teléfono móvil y tableta. Discutiré en detalle los tipos de debilidades en estos dispositivos, y luego procederé hacia las medidas correctivas para superar estas vulnerabilidades. La vulnerabilidad de alto nivel es sin duda comprar un dispositivo que no tiene este tipo de debilidades.

- El siguiente capítulo se ocupa de las vulnerabilidades de la infraestructura crítica de un país. Voy a explicar cuáles son estas vulnerabilidades y cómo se pueden superar. Una cosa importante a tener en cuenta es que lo que puede ser las posibles repercusiones si no prestamos atención a la fuerza de la infraestructura crítica. Explicaré cuál es el efecto de goteo y cómo un solo ataque mortal a una infraestructura crítica clave puede resultar en la creación de caos en todo el sistema. Cómo el público comenzará a entrar en pánico y cómo el enemigo ganará una guerra sin luchar. El capítulo, al igual que otros, termina en sugerir algunos pasos clave para salvaguardar la infraestructura crítica.

- El siguiente capítulo es breve, pero muy importante. Se ocupa del costo económico de un ataque de ciberseguridad y una estrategia de ciberseguridad. Abarca el costo de una prueba de piratería ética, el costo de contramedidas como la contratación de expertos, y la compra de algunos programas antivirus preciosos.

- El segundo último capítulo del libro contiene soluciones a los problemas de la ciberseguridad. Discutiré en detalle qué soluciones son viables para los usuarios domésticos y los usuarios empresariales. He categorizado estos problemas en dos conjuntos; uno se ocupa de la prevención de los ciberataques justo en la fuente, mientras que el otro se ocupa de los problemas que surgen después de haber sido atacado. Un ejemplo de tal remedio es el software antivirus que detecta el malware y lo elimina de su sistema.

- El último capítulo del libro es muy completo, ya que trata de las tendencias actuales y futuras de la ciberseguridad. Voy a explicar las tendencias actuales que los hackers y defensores están utilizando en todo el mundo. A continuación, explicaré cuáles son las tendencias futuras en ciberseguridad y cómo la industria se formará con la creciente conciencia en el campo y un aumento de los ciberataques.

Este libro es para cualquier persona que tenga interés en la ciberseguridad. El lector puede ser un estudiante de tecnología, un hombre de negocios y un jefe de un departamento público. En cualquier posición que seas, encontrarás el libro extremadamente útil. He explorado cada subtema en gran profundidad para sensibilizar a los lectores sobre la ciberseguridad y cómo va a afectar las relaciones internacionales y ciertas situaciones geopolíticas en todo el mundo. No es necesario tener ningún tipo de conocimiento previo de la ciberseguridad. Sólo debe tener un conocimiento de trabajo de las computadoras y de Internet.

# Capítulo 1

# Lo Básico de la Ciberseguridad

Cada día se ve una nueva innovación de vanguardia en el mundo de la tecnología de la información, y se está adoptando con los brazos abiertos debido a su facilidad de uso y eficiencia. La forma en que la tecnología está progresando; su valor para las personas de todo el mundo verá un tremendo aumento. Con el amanecer de cada día, una amplia gama de empresas y corporaciones están asegurando su espacio en el mundo cibernético. Las empresas están adoptando el comercio electrónico, los sistemas de pago en línea y las redes sociales para aumentar sus ingresos. Nadie puede negar los beneficios que las empresas han logrado al entrar en el mundo cibernético, pero este mundo no es tan seguro después de todo. Es la cantidad de anonimato que ofrece a los usuarios que se han convertido en una manzana de discordia para las grandes empresas y usuarios individuales. El mundo cibernético alberga un gran número de ciberdelincuentes que hacen que el ciberespacio un poco espeluznante y misterioso.

Si usted está ejecutando un negocio en línea que también implica transacciones frecuentes de fondos, usted debe entender cómo funciona la ciberseguridad y cómo se puede formar un escudo para protegerse contra los diseños atroces de los ciberdelincuentes. Para empezar, usted debe tener un conocimiento profundo de lo que es la ciberseguridad y cómo funciona. El concepto de ciberseguridad es tan antiguo como el propio ciberespacio, pero llegó a la atención sólo después de que el mundo se enteró de la existencia de virus en el ciberespacio. Una serie de palabras, a saber, spyware, gusanos, malware, troyano y gusanos, encontraron su lugar en el vocabulario de la tecnología de la información (TI) hace unos cuarenta años.

En la década de 1970, Robert Thomas, que había sido investigador en BBN Technologies en Massachusetts, avanzó en la creación del primer gusano informático llamado The Creeper. Era una especie de virus que tenía el poder de infectar computadoras una tras otra. Cada computadora que se subió e infectó, dejó un mensaje específico titulado 'I'M THE CREEPER: CATCH ME IF YOU CAN.' La creación de un virus creó la necesidad de un antivirus llamado como The Reaper. El Reaper tenía un trabajo especial para perseguir a Creeper y quitarlo de las computadoras.

Robert Morris concibió la idea de medir las dimensiones de Internet, y para ello, creó un programa que invadió terminales Unix. El gusano era tan letal y agresivo que ralentizaba la velocidad de las computadoras hasta el punto de que se volvían inutilizables. Robert fue sentenciado bajo la Ley de Fraude y Abuso Informático y después condenado. Desde entonces, los virus se volvieron más mortales y más difíciles de controlar. Este incidente arrancó el inicio de la ciberseguridad.

## ¿Qué es la ciberseguridad?

La ciberseguridad se define como un conjunto de tecnologías, prácticas y procesos que se crean y diseñan para proteger programas, sistemas de red que conectan computadoras, software y datos virtuales contra cualquier invasión o intento de daño. Los delincuentes son siempre después de los datos que se almacenan en su sistema informático y es por eso que se cuelan en los sistemas informáticos y robar su información preciosa. Utilizan sistemas de red y servidores para acceder a los datos. La ciberseguridad reduce el riesgo de ciberataques y protege a las personas y organizaciones de cualquier tipo de explotación no autorizada de los sistemas y tecnologías de red.

La ciberseguridad involucra a las personas, la tecnología y los procesos mientras está en la fase de implementación. Cada término tiene su propio papel en la creación de la seguridad adecuada. Esta estrategia de tres vertientes está destinada a ayudar a las organizaciones de ciberataques sofisticados y organizados, además de protegerlos de cualquier tipo de amenazas internas comunes de bajo perfil. La intensidad de estos ataques depende de la innovación y la capacidad de invención del atacante.

Con el paso del tiempo, el volumen de amenazas está en aumento, y su evolución es significativa, especialmente cuando las empresas de seguridad no están dejando ninguna piedra sin girar para defender los sistemas informáticos de todo el mundo de un tipo diferente de ciberataques. Los ciberataques pueden ser letales y caros para las empresas. En primer lugar, las corporaciones y las empresas tienen que sufrir pérdidas financieras en forma de sistemas de red dañados que necesitan una reparación inmediata. El segundo daño más común que las empresas tienen que soportar es en forma de violación de datos. Incluso si los datos perdidos se recuperan justo después del ciberataque, el daño que se inflige a la reputación de la empresa está más allá de cualquier cálculo. Los ciberataques son cada vez más destructivos a medida que nuevas técnicas y métodos han evolucionado rápidamente.

Con los avances en la sofisticación de la tecnología, la ciberseguridad se ha convertido en una parte inseparable de los negocios en línea. El sector empresarial no está aumentando su enfoque en el desarrollo de respuestas viables que reduzcan el daño de un ciberataque. En vista, este creciente número de amenazas y virus, es crucial que comprendamos mejor las vulnerabilidades que se adjuntan al panorama cibernético. Es necesario establecer ciertos procesos de evaluación y gestión de riesgos para identificar las mejores medidas de seguridad que debe adoptar el sector empresarial. Una estrategia integral de ciberseguridad debe desarrollarse en consulta con cerebros legales y agencias de seguros para crear una estrategia defensiva sólida e infalible que podría proporcionar un escudo contra la seguridad a corto y largo plazo de los activos.

## Protección de Smartphones y Dispositivos Web

El tremendo crecimiento de los teléfonos celulares y las tabletas ha creado un panorama vulnerable en el mundo cibernético. En primer lugar, el número de dispositivos móviles es bastante grande, casi innumerables. Además, existe la ausencia de cualquier mecanismo de seguridad significativo en los dispositivos y, si hay uno en su lugar, se está marginando debido a las debilidades del sistema. El malware hacia su desarrollo completo y se está utilizando en combinación con ataques de botnet. Los ataques móviles se están convirtiendo en un objetivo candente para los ciberdelincuentes. Si usted está dirigiendo una empresa de consultoría financiera, usted tiene que dar la bienvenida a un número de invitados cada uno en su oficina, y más invitados significan que usted tendrá que permitir un número igual de dispositivos móviles para penetrar en sus redes. Esto aumenta el factor de vulnerabilidad en su corporación.

Los teléfonos inteligentes, almohadillas, tabletas y computadoras portátiles por lo general permanecen conectados a Internet todo el tiempo; por lo tanto, deben protegerse de un ataque anticipado con la ayuda de soluciones de protección de estado de la ciencia para su dispositivo. Ha habido un montón de innovaciones que pueden elevar la calidad de la seguridad de su dispositivo y contra este tipo de dispositivos si el atacante está utilizando un dispositivo móvil para organizar un ataque. Las innovaciones han garantizado la disponibilidad de mecanismos de seguridad de alta gama que sólo estaban disponibles para las grandes redes. Individuos y pequeñas empresas pueden acceder a ellos y hacer uso de los teléfonos móviles y cualquier dispositivo perfectamente seguro de usar. Un sistema de protección de dispositivos debe incluir un sistema de gestión remota para una seguridad eficaz. El punto es eliminar el factor de entrada del usuario del reino de seguridad para minimizar la vulnerabilidad.

Como propietario de una empresa de consultoría financiera, debe asegurarse de que su personal tenga dispositivos móviles seguros. Solicitarles que instalen software antivirus en tiempo real, y la protección de aplicaciones también es esencial para garantizar la ciberseguridad. Otra parte importante de la ciberseguridad es la aplicación de gestión de contraseñas. Por naturaleza, vamos por la facilidad de uso cuando se trata de establecer contraseñas. No podemos simplemente recordarlos porque hay tantos de ellos como contraseñas separadas de cuentas de correo electrónico, redes sociales, aplicaciones de espacio de trabajo en línea, aplicaciones bancarias y muchos otros espacios virtuales diferentes. Cuando nos resulta difícil recordar, ya sea establecer una sola contraseña para todas las aplicaciones y sitios web o vamos por algunas contraseñas bonitas para adivinar, como fechas de nacimiento, fechas de boda y nombres. Esto margina su escenario de situación de ciberseguridad porque este tipo de contraseñas son fáciles de adivinar y romper. Para resolver este problema, debe dar a su personal acceso a aplicaciones de administración de contraseñas que se pueden descargar e instalar sin problemas en una serie de plataformas de dispositivos móviles. Como propietario de la firma, usted debe invertir en la compra de software y también la formación de los empleados. Si utiliza aplicaciones de terceros como Java y Adobe, debe realizar la actualización automática de los sistemas operativos y el software para reducir el nivel de vulnerabilidad.

Otra debilidad que tiende a prevalecer sobre los sistemas informáticos y las redes es la vulnerabilidad de las aplicaciones web. Las siguientes vulnerabilidades pueden afectar a su espacio web. Además, hay secuencias de comandos entre sitios, fuga de información, configuración incorrecta de seguridad, inyección de lenguaje de consulta estructurado (SQL), filtración de información, lagunas en criptografía, autenticación problemática, configuración incorrecta de seguridad y capas finas para protección.

Existe una percepción general entre las corporaciones y los individuos de que sus sitios web y aplicaciones web son de poco o ningún interés para los atacantes. Las evaluaciones de seguridad de Hewlett Packard (HP) revisan diferentes evaluaciones de seguridad para calcular el nivel de seguridad de las aplicaciones web. Los equipos de seguridad de HP llegaron a la conclusión de que el punto de vista de que la corporación y los individuos albergan no es el adecuado. Los atacantes no piensan así. Continúan diciendo que la apatía por parte de corporaciones e individuos invita a la atención de los atacantes que se infiltran en sus sistemas sin ninguna resistencia. Son estos sistemas los que juegan un papel clave en la proliferación de malware a través de los sistemas informáticos en el mundo.

## Redes sociales

Diferentes corporaciones en todo el mundo y otras organizaciones no gubernamentales tienen empleados a bordo que están constantemente comprometidos en el uso de herramientas de medios sociales. Las fuerzas armadas y las universidades también están repletas de personas que tienen una presencia considerable en las redes sociales. Estas personas pueden crear sin saberlo problemas considerables para la organización o las instituciones en las que trabajan. Cualquier tipo de error puede resultar en una verguenza para la organización o la pérdida de valiosos recursos financieros.

Este error puede ser en forma de fuga de información por error. Se están realizando ciertos ejercicios de evaluación de riesgos para estimar el rango de riesgo al que las redes sociales pueden exponer a las organizaciones. Puede asignar a alguien para desarrollar una estrategia de gestión de riesgos para identificar el nivel de exposición a las redes sociales por parte de los empleados de una organización. Una estrategia dedicada ayudará a evaluar la cantidad de riesgo potencial y su efecto en la organización.

Las redes sociales se han[st] convertido en una sensación del siglo XXI. Hay un gran número de seguidores y usuarios en las redes sociales. Su presencia en las redes sociales se ha vuelto casi omnipresente. No hay ninguna posibilidad de que pueda encontrar el espacio de las redes sociales vacío de usuarios. Algunos usuarios simplemente están enjambres en el espacio de las redes sociales para divertirse o para mantenerse actualizados sobre los últimos desarrollos, pero algunos de ellos se aprovechan de la información que se difunde en las plataformas de medios sociales. La información que parece normal a los ojos de sus empleados para compartir en las redes sociales puede hacer un daño significativo a la organización. En la parte superior de las redes sociales se encuentran Facebook, YouTube, Twitter, Vimeo, Picasa, Foursquare, Chatter, LinkedIn y Chatter.

Su organización puede sufrir daños a su reputación, difamación de un personaje en particular, robo de identidad, robo de propiedad intelectual, robo de información personal, un posible ataque de malware en los sistemas de red informática de la organización, y un posible compromiso de datos confidenciales.

**Redes de correo electrónico y documentos electrónicos**

Por lo general, los correos electrónicos se consideran una puerta de entrada a la información personal. Sólo en los Estados Unidos, el correo electrónico es bastante frecuente en todo el mundo corporativo. Se alienta a los consumidores a dejar sus ID de correo electrónico para una comunicación eficiente y a darles un fácil acceso a los diferentes productos que están a la venta en línea. El hecho de que crear y usar un ID de correo electrónico es completamente gratuito ha complicado aún más el proceso de comunicación. Hay mayores posibilidades de pérdida de información y posibles ataques de malware.

Como propietario de una empresa de consultoría financiera, puede comprar un servicio que tiende a eliminar la ubicación IP, así como la información de metadatos de los correos electrónicos que envía a sus clientes o competidores del mercado. Dondequiera que el correo electrónico viaje en Internet, será más seguro que antes. También puede utilizar ciertos servicios que tienen un tipo de software de código abierto para garantizar la seguridad, compatibilidad y portabilidad de alto nivel. También puede utilizar cuentas de correo electrónico privadas para sus empleados y sus familias para construir una sala de seguridad cibernética para las próximas décadas de usar.

## Emergencia de la ciberseguridad

El ordenador ha surgido en la cara del mundo durante mucho tiempo, pero desde sus inicios, no se ha pensado mucho en la necesidad de crear un programa de seguridad informática. Hubo ingenieros, físicos y científicos que trabajaron en la creación de un sistema de red informática. Su trabajo era sólo para trabajar en el hardware y el software de las computadoras. No pensaron en la posibilidad de invasiones de ciberespacio como algo así como el software de virus. Estos desafíos fueron completamente ignorados. En ese momento, un aspecto de la fuga de información era que alguien irrumpe en una casa y roba el disco duro de una computadora. A finales de la década de 1980, el aspecto de la ciberseguridad surgió y los ingenieros informáticos y científicos comenzaron a hacer una lluvia de ideas para garantizar la seguridad de los datos almacenados en un ordenador. La seguridad se puso en un modo predeterminado en la mayoría de los dispositivos. Los problemas de seguridad para el software se hicieron evidentes con el amanecer de cada día. En consecuencia, los científicos desarrollaron la técnica de cifrado que podría ofrecer protección a los datos almacenados en las bases de datos.

## Dark Web

La dark web suena aterradora y casi envía escalofríos por la columna vertebral de la mayoría de la gente. La web oscura es bien conocida por albergar actividades ilegales en las que mucha gente no quiere participar. La pregunta comienza a girar en nuestras cabezas que si la web oscura es un lugar para la actividad ilegal, entonces ¿por qué existe en primer lugar y quién permite que se ejecute sin ningún tipo de restricciones. ¿Hay algún propósito detrás de la existencia y el florecimiento de la telaraña oscura o el lugar está siendo manejado por un fuerte montón de lote? Hay tres partes principales de Internet conocidas como web profunda, web de superficie y web oscura. Permítanme discutir cada tipo individualmente y en detalle.

La web de superficie consta de alrededor del diez por ciento de toda Internet, e incluye cosas como Google y otros motores de búsqueda. Puedes usar palabras clave para buscar diferentes cosas para leer, vender o comprar. Luego viene la web profunda que es el lugar donde se puede almacenar la información que no está disponible para la mayoría de los usuarios. Esto incluye cosas que usted ha protegido por una contraseña, como los servicios de suscripción de cuentas bancarias, así como cierta información médica. La mayoría del espacio web consiste en este tipo de información. El tercer punto pertenece a la web oscura que no es accesible por un usuario de Internet estándar. No se puede acceder a este espacio web a través de Firefox, Opera y Google Chrome, y puede tener cualquier tipo de información. La palabra dark web se atribuye a este espacio web debido a su accesibilidad limitada.

Es posible que se pregunte si la web oscura es completamente ilegal para un usuario común. Afortunadamente, la respuesta es no. El mero hecho de entrar en la web oscura no cuenta como una actividad ilegal, pero lo que haces en la web oscura puede clasificarse como legal o ilegal. Puede acceder a la web oscura a través del navegador anónimo Tor. Puede descargarlo al igual que Google Chrome y Firefox. La diferencia es que funciona de una manera diferente. Usted tiene que viajar a través de diferentes redes de superposición cuando se utiliza Tor o The Onion Router. Al igual que una cebolla, tiene una serie de capas para pasar a través. La velocidad de Tor suele ser más lenta que otros navegadores. Si puede obtener una red privada virtual, es mejor garantizar la máxima seguridad.

Para eliminar la confusión de larga data, Tor no es una web oscura, sino una herramienta para acceder a la web oscura. Además, Tor se puede utilizar para acceder a un espacio web general como Google y Yahoo y su viaje a través de la web de superficie será más seguro. En lugar de un lugar para actividades ilegales, la web oscura se considera como un lugar para un alto nivel de privacidad en línea. Usted puede comprar drogas ilegales a través de la web oscura y conseguir que se entregan a su dirección postal sin dar a nadie una pista de lo que había en el paquete. El objetivo final a lograr mediante el uso de la web oscura depende de lo que necesita si está listo para correr el riesgo de cometer un acto ilegal.

Los residentes de países como Irán, donde el control del gobierno sobre Internet está tocando niveles extremos, la web oscura se convierte en una necesidad. Los residentes de estos países acceden a Facebook y Twitter a través de la web oscura. Inician sesión en sus versiones de cebolla que han sido lanzadas oficialmente para los usuarios que son sometidos a la censura.

# Capítulo 2

# La Motivación Detrás de un Ciberataque

Los ciberataques se están volviendo altamente sofisticados a medida que los hackers están llegando con métodos más recientes e innovadores para escenificar un ataque y amenazar la seguridad de las diferentes redes informáticas. Los ataques son cada vez más sofisticados que son cada vez más difíciles de detectar. En consecuencia, los ataques son cada vez más letales de lo que eran antes. Según las últimas estadísticas, la ciberdelincuencia está aumentando en todo el mundo y, según estimaciones, el costo anual de las pérdidas procedentes de la ciberdelincuencia afectará a 6 billones de dólares para cuando entremos en 2021. (La ciberdelincuencia daña $6 trillones para 2021, n.d)

La ciberseguridad no depende del tamaño de su organización. Ya sea que tenga un negocio de start-up o una empresa multimillonaria, usted debe ser capaz de ser consciente de lo arriesgado que puede ser un ciberataque. El auge de los ataques cibernéticos da espacio a la pregunta de por qué los hackers atacan un ciberespacio? ¿Cuál es la motivación detrás de tales ataques atroces? Una percepción general es que la ganancia financiera los impulsa a escenificar ciberataques de alto perfil en los sistemas informáticos de las grandes corporaciones. Algunos también lo hacen con fines de espionaje. Este capítulo arrojará luz sobre las motivaciones que los hackers tienen en sus espaldas para penetrar en un ordenador individual o un ordenador de empresa.

La mayoría de las veces, el ataque es una especie de incumplimiento que tiene como objetivo infiltrarse en los detalles de la tarjeta de crédito y débito. Esta información se vende en la web oscura más tarde para embolsar ganancias pesadas. La historia no termina aquí. En la mayoría de los casos, el beneficio es sólo una cortina de humo para ocultar algo más grande y más profundo.

El espionaje también está vinculado a una violación de datos de una corporación o un sitio web oficial de un país. Este tipo de ataques por lo general están dirigidos a recuperar información de la víctima. Hay un montón de cosas que siguen siendo las mismas cuando se trata de espionaje a través de un ciberataque, incluyendo el monitoreo de la comunicación que se ejecuta en el ciberespacio. Hay otra técnica popular en el espionaje conocida como robar secretos. Anteriormente, esta tarea entró en el dominio de individuos que penetraron físicamente en el espacio y comprometieron ciertos activos que se encuentran dentro de la organización. Para darles una muestra de cómo sucedió todo, voy a decir un ejemplo de Hollywood. Si eres un fan de Tom Cruise y sus thrillers de espionaje, seguro que conoces el personaje de Ethan que siempre estaba en algún tipo de misión para infiltrarse en una instalación y robar algunos documentos importantes que podrían cambiar las cosas sobre los malos. Spy es la palabra que usan para ese tipo de persona. Hoy en día, las cosas son diferentes. Apenas queda nada en el dominio físico. El arte de robar un importante montón de información es más acerca de ser eléctrico. Las computadoras tienen la capacidad de consumir miles de millones de archivos que una vez fueron almacenados en los libros de contabilidad de la compañía y en un montón de papeles.

## Espionaje

Los ataques de espionaje son cada vez más sofisticados hoy en día. La mayoría de ellos son patrocinados por el Estado o son financiados por el sector corporativo. Algunos grupos profesionales actúan como contratistas independientes para espiar con fines de lucro. El espionaje se considera como una actividad secreta en la que los atacantes formulan un plan para evitar la detección y lograr sus objetivos de recopilar información importante sobre la empresa o individuo objetivo. Los espías son los atacantes más persistentes que siguen trabajando hasta lograr su objetivo. Siguen probando una serie de técnicas hasta que cumplen su misión. Incluso si son detectados, no detienen sus actividades y siguen hasta la finalización de la misión.

En la mayoría de los casos, el trabajador inicial es indirecto, como un tercero de confianza en forma de un empleado que tiene acceso al sistema informático al que desea dirigirse. Una vez que el atacante tiene acceso dentro del sistema, tendrá que moverse a través de los sistemas de la organización y también hacer su camino a los almacenes de datos de la empresa. Si usted está dirigiendo una empresa de consultoría financiera, los datos más importantes deben ser informados sobre los clientes de su empresa. Una vez que el atacante tiene acceso a los documentos, estará en posición de chantajearlo.

## Beneficio

La segunda motivación más común de un hacker es ganancias financieras. Su objetivo es obtener grandes ganancias por el ataque. Los métodos de los atacantes impulsados por los beneficios varían. Por lo general, si los datos robados pertenecen a los datos de la tarjeta de crédito y de débito, se entiende que el objetivo de la ciberdelincuencia es la ganancia financiera. La información que los ciberdelincuentes roban después se vende en la web oscura para obtener grandes ganancias. Este es el mayor motivador en el mundo de hoy en el que localizar el valor neto de todos es tan fácil. La transparencia en las transacciones financieras y los detalles hace que el dinero sea el objetivo más importante de un ciberataque. Todo el mundo necesita dinero y no hay escasez de ciberdelincuentes no dudaría en compartir un pastel del dinero.

Diferentes hackers utilizan diferentes tipos de métodos que conducen a una cierta ganancia monetaria. Los ciberdelincuentes utilizan una amplia gama de métodos que utilizan malware financiero como Dridex, Shifu, Carbanak, y Rovnix para sifón de un montón de swag de las cuentas bancarias de la víctima. Otro método para robar a las víctimas es mediante el uso de ransomware como Tesla. Los ataques de denegación de servicio (DDoS) es otro ataque motivado por los beneficios que se ha convertido en una gran popularidad en los últimos años.

Si usted es el propietario de una empresa de consultoría o un minorista de ropa, usted está en un alto riesgo de una amenaza cibernética grave si realiza sus transacciones en línea. Siempre están después de los detalles de usuario y financieros que podrían llevarlo a la fuente de sus finanzas, así como las finanzas de sus clientes. Si te saquean, estás devastado porque no tendrás un capital precioso para mantener terrenos. Si saquean a sus clientes, perderá su reputación ganada con tanto tiempo en el mercado que es igualmente devastador a su negocio. En ambos sentidos, corre un gran riesgo de perder su negocio. Los atacantes, en el apogeo de la ira, pueden utilizar un malware que puede apuntar a sus sistemas de punto de venta (POS).

A veces, el beneficio por sí solo es el único objetivo de un atacante. Por ejemplo, su empresa ha conseguido un contrato del Pentágono para producir armas sofisticadas y usted está en camino de producirlas. Los hackers pueden dirigirse a la base de datos de su empresa para comprometer la información sensible que puede ser de uso estratégico y policial del atacante. El atacante puede ser un país que necesita esta información estratégica para actualizar sus activos de defensa. Puede ser utilizado por los políticos para dar forma a sus campañas políticas. Las posibilidades son altas de que el estado patrocine este tipo de ataque. Por lo general, los estados llevan a cabo este tipo de misión clasificada a través de recursos respaldados por el estado, pero a veces la falta de recursos puede venir en su camino y tienen que externalizar este tipo de misión a los expertos. Echemos un vistazo a las industrias más incumplidas de todo el mundo.

Prácticamente todos los negocios corren un riesgo considerable de sufrir un ciberataque, pero algunas industrias parecen ser más vulnerables a estos ciberataques que el resto del lote. El tipo de datos que estas empresas tienen las hace más vulnerables a los ciberataques. La primera industria en juego es la industria de la salud.

## Salud

El sector de la salud encabeza la lista de ciberataques en los Estados Unidos y hay algunas razones válidas para ello. El sector de la salud contiene información personal como nombres, direcciones, información sobre los ingresos de las personas, números de seguridad social e identificaciones por correo electrónico. Los hackers irrumpen en las bases de datos de los hospitales y acceden a esta información para explotarla más adelante. Su modo de ataque es obtener una especie de acceso no autorizado a los programas médicos y un esfuerzo para obtener medicamentos recetados. La mayor parte de la amenaza tiene su origen dentro de la organización, mientras que algunos de los ataques se deben a algún tipo de error humano, como la fuga de información sobre un paciente por parte de un empleado del hospital. Es posible que el empleado no haya sospechado que la información podría ser manipulada por un individuo o una organización. (Ciberseguridad: la motivación detrás de los ciber-hacks [Infografía], n.d)

## Sector público

El segundo sector vulnerable es la administración pública. La administración pública, como los departamentos gubernamentales, lleva detalles sobre los empleados, como nombres, direcciones, números de cuentas bancarias y otra información personal que puede verse comprometida y mal utilizada si está en manos de los malos. Otra razón por la que los hackers se dirigen altamente al sector público es que sufre de una falta de financiación en el ámbito de la ciberseguridad que lo hace débil y un objetivo potencial de los ciberdelincuentes. La información personal de los altos lineamientos y la información confidencial está en la parte superior de la lista de la tabla de tareas pendientes de un hacker. La información confidencial se puede vender en la web oscura por un precio alto. También se puede vender a un estado para mayores ganancias. (Ciberseguridad: la motivación detrás de los ciber-hacks [Infografía], n.d)

## Sector financiero

El sector financiero es otro campo más vulnerable a los ciberataques. Los hackers disfrutan de la información personal de los propietarios de cuentas bancarias considerables. Además, pueden poner sus manos sobre la información de la tarjeta de crédito de los clientes de una empresa financiera.

## Sector alimentario

La industria alimentaria también está en la línea de industrias que pueden estar en gran riesgo de ciberataques. Estos negocios son bastante vulnerables a ciertas infracciones porque siempre están recopilando los datos de la tarjeta de crédito de sus clientes, y sus nombres y direcciones. Una vez robado, un hacker puede utilizar esta valiosa información para robar la identidad de un cliente y obtener acceso no autorizado a las cuentas bancarias. (Ciberseguridad: la motivación detrás de los ciber-hacks [Infografía], n.d)

# Capítulo 3

## Que Es La Ingeniería Social Y Como Funciona

La ingeniería social se centra en explotar el eslabón más débil en las defensas de seguridad de una organización en particular, y esa debilidad son sus empleados. Sí, en lugar de añadir a la fuerza de la organización para la que trabajan, los empleados se convierten en su talón de Aquiles que le da a la empresa un lastre por un tiempo. La ingeniería social también se conoce como personas que piratean, ya que se extiende alrededor de la explotación de seres humanos que confían en los demás sin pensar mucho. Los ciberdelincuentes pueden utilizar la información para romper las capas de seguridad que la organización ha configurado para aumentar su defensa. Este capítulo tiene la intención de darle una idea de cómo un hacker puede penetrar en su red mediante la aplicación de técnicas de ingeniería social. También daré un par de contramedidas para asegurarme de que no estás en el final de un ataque de ingeniería social.

Los hackers adoptan un disfraz para recuperar información útil que no podrían acceder de otra manera. Cuando han obtenido con éxito la información de las víctimas, pueden causar considerables estragos en los sistemas de seguridad de la organización robando archivos confidenciales o eliminándolos por completo. La ingeniería social también se utiliza para el espionaje industrial o cualquier otro tipo de fraude atroz para poner a una organización de rodillas. Una especie de táctica de venganza, en pocas palabras. La ingeniería social es muy diferente de otros desafíos de seguridad física, comúnmente conocido como buceo en contenedores. Echemos un vistazo a las tácticas que los hackers utilizan para lograr la ingeniería social.

- La primera táctica se está convirtiendo en un falso funcionario de apoyo. Una persona puede tomar el disfraz de personal de soporte falso para instalar nuevo software en el sistema informático de un usuario objetivo. Convencería al usuario para que descargara la pieza de software que les daría control sobre todo el sistema informático.

- El segundo método es hacer una notificación de que necesita actualizar el sistema telefónico de la organización. Para lograr este propósito, debe solicitar la contraseña de administrador que les daría acceso completo.

- Los hackers iniciarían un concurso falso que les permitiría recoger identificaciones y contraseñas de las personas que se suben a participar en el concurso. Cuando han recibido nombres de usuario y contraseñas de los usuarios, entonces pasarían a probar esas contraseñas en otros sitios web como Amazon y Alibaba para comprobar si funcionan o no. A la mayoría de la gente le gusta mantenerlo simple y mantener una sola contraseña para todos los sitios web. De esta manera, pueden robar información personal y financiera de usuarios desprevenidos.

- La última técnica es disfrazarse de un falso empleado que notifique al jefe de seguridad que ha perdido las llaves de su camarote. A continuación, conseguiría un conjunto de llaves y a través de las llaves, el acceso a la organización física, así como una organización de información electrónica.

En algunos casos, los ingenieros sociales son empleados de alto nivel, como ejecutivos y gerentes. En otras ocasiones, toman el papel de empleados ingenuos. Cuando se trata de ingeniería social, la comunicación básica entre los seres humanos y sus interacciones diarias con otros usuarios tienen un efecto considerable en el nivel de seguridad de una organización. La ingeniería social es considerada como uno de los hacks más duros porque se vuelve bastante difícil para un empleado retratarse a sí mismo como confiable para un extraño. Es igualmente difícil de proteger contra ella porque las personas tienen una participación directa en ella. No puedes salir y proteger a todos los empleados contra este tipo de ataque.

## La necesidad de la ingeniería social

La ingeniería social es un método eficaz que es utilizado por los piratas informáticos para entrar en un sistema después de que han adquirido la información deseada. La única diferencia es que en realidad no irrumpen en las redes informáticas de la organización y corren el riesgo de quedar atrapados. En su lugar, utilizan a las personas para obtener acceso a la información que necesitan para hackear el sistema de seguridad. Los firewalls, los dispositivos de autenticación, los análisis de retina, los bloqueos de seguridad biométricos, los controles de acceso y otros dispositivos implementados por el equipo de seguridad de su organización no pueden detener a un ingeniero social. La mayoría de las veces, los ingenieros sociales tienden a realizar ataques a un ritmo lento que no levanta sospechas. Siguen recopilando fragmentos de información de los empleados y luego recogen las piezas y forman la imagen completa que podría guiarlos y ayudarlos a infiltrarse en la organización más adelante.

Si no puede organizar una reunión en persona con el empleado de la organización, puede ir por los métodos alternativos de disparar un correo electrónico o hacer una llamada telefónica a la persona que es un objetivo potencial del ataque. La decisión final sobre la elección del método pertenece al hacker que actúa como él considera conveniente.

## ¿Cómo realizar un ataque de ingeniería social?

Los ingenieros sociales necesitan encontrar los detalles del proceso organizativo que creen que les ayudará a lograr sus objetivos. La información que reciben les ayuda en la consecución de sus objetivos. El primer paso es tener un objetivo claro de un ataque de ingeniería social. Por lo general, los hackers tienen un objetivo en mente. El siguiente paso es construir una hoja de ruta para lograr ese objetivo. Puede poner sus ojos en la propiedad intelectual de su propiedad, sus contraseñas o la insignia de seguridad de un empleado de su organización para penetrar dentro de la instalación y debilitar el sistema de seguridad. Ahora echemos un vistazo a los pasos que los hackers utilizan para alcanzar sus objetivos.

## Recopilación de información sobre la víctima

Los ingenieros sociales comienzan sus operaciones recopilando información importante sobre la víctima. Lo hacen lentamente para que no desborden la chispa de la sospecha. Pueden usar Internet para hacerlo sin problemas. Por ejemplo, pueden iniciar una investigación en profundidad sobre las cuentas de presencia en las redes sociales de la víctima. Le dan unos minutos a Google y descubren cómo se ve la persona y qué le gusta. Pueden usar el nombre de la empresa y buscar la lista de empleados, sus nombres y designaciones. De todos los empleados, pueden señalar a sus víctimas y recopilar información importante sobre ellas.

El segundo método para recopilar información valiosa sobre la víctima se conoce como buceo contenedor. Es bastante difícil de lograr ya que un hacker tiene que ir a través de cubos de basura para pescar información sobre el empleado de la empresa. Por este método, los piratas informáticos pueden recopilar algunas piezas confidenciales de información. La mayoría de los empleados piensan que su información es segura dentro de los archivos que están en la oficina. Después de algún tiempo, casi se olvidan de ello. Cuando llega el momento de deshacerse de la basura, los empleados no sospechan lo importante que es un pedazo de papel. Simplemente lo tiran sin pensar en su valor. Estos pedazos de papel son literalmente basura la mayor parte del tiempo y no son de ningún valor para una persona externa, pero a veces este no es el caso. Hay un tesoro de información en estos papeles de basura. Para un ingeniero social, estas piezas de información son nada menos que una clave para abrir las puertas de una organización para una penetración efectiva.

Hay algunos tipos específicos de documentos que se vuelven muy letales en manos de un ingeniero social. Por ejemplo, puede hacer un buen uso de los organigramas, la lista de contraseñas, los manuales de los empleados, los diagramas de los sistemas de red informática, los minutos de reunión, los informes, la lista de correos electrónicos y el texto impreso o los correos electrónicos.

La única manera de minimizar la amenaza de este tipo de ataque es introduciendo la práctica de triturar o incinerar los papeles. Incluso las trituradoras tienen diferentes tipos. Algunas trituradoras cortan papeles en tiras largas que básicamente no valen nada frente a un ingeniero social. Con la ayuda de una cinta, puede unir diferentes pedazos de papel y traer de vuelta un documento para darle una lectura completa. Se necesita una trituración adecuada.

Hay otro método con el que los hackers recopilan información confidencial al espiar a los empleados de una organización en restaurantes, aeropuertos, metro y cafeterías. Algunas personas tienen la costumbre de hablar en voz alta en los teléfonos. Corren el riesgo de filtrar información importante, como números de teléfono o detalles sobre los sistemas de red o firewalls. En su búsqueda de información, los hackers pueden ir tras disquetes desechados, DVD, CDs y unidades de disco duro o cintas de copia de seguridad.

## El factor de confianza

Este también es un factor muy importante en la ingeniería social. Los hackers se pondrán en la creación de confianza con uno de sus empleados. Los humanos por naturaleza, el amor a confiar en los demás que están siendo amables con ellos. Van con el flujo de eventos hasta que algo indica que no deben confiar en una persona en particular. A la gente le encanta socializar y formar parte de un equipo. Esta tendencia humana es manipulada por los piratas informáticos para acceder a importantes piezas de información. Una vez que han construido confianza, pueden alcanzar fácilmente sus objetivos. Los hackers pueden lograr este hito siendo amables con su objetivo. Explotan la tendencia humana a gustar a una persona que les da una cálida bienvenida y muestra cierta cortesía o actitud amistosa con ellos. Lo hacen a menudo estableciendo algunos intereses muy comunes. Cuando llevan a cabo su investigación sobre su objetivo, anotan sus gustos y aversiones y utilizan esta información, más adelante, para cerrar la brecha de comunicación entre ellos y establecer confianza. Por ejemplo, si a la víctima le gustan las rosas o los coches, puede compartir información valiosa con él o ella. Si le gusta el fútbol, iniciarán una pequeña charla sobre el mismo tema.

Una vez que han establecido su simpatía a los ojos del objetivo, pueden establecer el factor de creencia haciéndose pasar por un nuevo empleado que quiere conocer a los antiguos empleados o como un proveedor que está en constante negocio con la organización. Ellos harán algo agradable a ellos primero para que su imagen siga siendo positiva y la víctima tiene información convincente con ellos bajo obligación.

## Tiempo para explotar la relación

Cuando un hacker establece con éxito la confianza con la víctima, el siguiente paso para explotar esta relación recién construida antes de que la víctima comienza a ver a través de los diseños encubiertos del hacker. Los hackers tratan de engañarlos para que les proporcionen más información de la que deberían tener. Esta transferencia de información debe realizarse en persona durante una sesión de café o a través de medios electrónicos. Cualquiera que sea el medio de comunicación, una cosa que debe tenerse en cuenta es que la víctima debe permanecer cómoda con el medio de comunicación.

Los ingenieros sociales pueden recuperar información importante de la víctima de varias maneras, pero el favorito de los ingenieros sociales sigue siendo el uso de palabras y frases pegadizas y cautivadoras. Se centrarían en mantener sus conversaciones ingeniosas y divertidas, y no les daría tiempo a sus víctimas para pensar. Esto también depende de la víctima. Si es descuidado con lo que está hablando, el trabajo de un ingeniero social se vuelve realmente simple; de lo contrario, tiene que adoptar algunos métodos astutos para lograr su objetivo. Echemos un vistazo a algunos métodos comunes para hacer que su víctima diga cosas que usted quiere que hable.

- Puedes actuar con entusiasmo o demasiado amigable.

- Usted debe mencionar los nombres de algunos ejecutivos u otras personas prominentes en la organización para hacer que la víctima crea que usted es un experto.

- También se jactan del nivel de autoridad que la víctima disfruta en la organización.

- Si la víctima es una persona descuidada, puede amenazarlo con consecuencias terribles si no le da la información deseada.

- Añade un poco de actuación a través de gestos como purgar tus labios para mostrar que estás nervioso o ansioso por saber algo. Haga un esfuerzo consciente para controlar sus pies y manos que están lejos de la cara.

- Usted debe parecer estar en un apuro para que la víctima debe tener el tiempo mínimo para abrir su corazón delante de usted.

- Además, usted debe negarse a dar alguna información que la víctima está interesada hasta que la víctima habla primero.

- Siempre es una mejor idea conocer alguna información clave sobre la empresa que normalmente conoce un experto.

Si usted se está comunicando con la víctima a través de medios escritos, puede dejar algunas palabras mal escritas para que cuando la víctima lea su mensaje, él seguirá explicando su significado. En el esfuerzo de explicar el significado, puede pasar a darle más información que realmente había querido. Estas son algunas tácticas clave que un ingeniero social utiliza para recuperar información importante cuando está con la víctima. Mucha gente se enamora de una de las tácticas anteriores. También pueden pedir de inmediato un favor a la víctima.

Otra táctica común que usan los ingenieros sociales es usar un disfraz de un empleado muriendo el cabello, usando el mismo tipo de ropa, consiguiendo una insignia de identificación falsa, o simplemente vistiéndose como el empleado. Esto funciona cuando el hacker está tratando de infiltrarse en una gran organización donde miles de empleados trabajan. La víctima sentirá que se ha vestido como nosotros, tiene una placa como la nuestra e incluso se parece a nosotros, y así es como comenzará a compartir la información que de otra manera no tendría. El hacker puede exigir un ID de cliente del empleado o cualquier otra información, como los códigos de seguridad.

A veces, un cibercrimen a través de la ingeniería social puede ser más letal si se hace a través de una táctica técnica. Por ejemplo, puede crear un problema artificial con el servicio de Internet de la víctima y luego saltar como el tipo de soporte técnico para resolver el problema. Pregúntale sobre su antigua contraseña y restablece la contraseña y dile la nueva. La víctima desprevenida no hará caso a lo que has hecho con él. A través de la contraseña, puede entrar en su sistema de red y obtener algunas piezas importantes de información.

## Cómo contrarrestarlo

La ingeniería social es una técnica muy astuta de cometer ciberdelincuencia y a veces se convierte en una tarea bastante difícil crear una defensa contra un ataque de este tipo. Incluso si tiene redes de seguridad adecuadas, un error de un empleado desprevenido puede dar lugar a una situación comprometedora para su organización. Un solo error puede permitir que un hacker se infiltre en la organización. Sin embargo, hay algunas contramedidas sólidas, adoptando que puede asegurarse de que su organización permanecerá segura a raíz de la ciberdelincuencia de este tipo.

El primer paso es clasificar los datos que tiene en las instalaciones de su oficina. El segundo paso es contratar empleados, así como contratistas, y conseguir que establezcan identificaciones especiales.

Siga configurando y restableciendo la contraseña en sus sistemas informáticos y sistemas de red. Usted debe manejar la información confidencial con el máximo cuidado, como mantenerla en un equipo separado al que no pueden acceder todos los empleados de la oficina. Los huéspedes deben ser debidamente escoltados desde la puerta de la cabina a la que pretenden ir para que no puedan tomar ningún pedazo de papel u otra información si sus intenciones son maliciosas. Si deja a los invitados desatendidos, un hacker puede entrar en la instalación y vagar por la oficina para acceder a la base de datos que puede darle acceso remoto a los sistemas de red.

Debe aplicar estas políticas en su oficina para que pueda proteger sus instalaciones contra cualquier ataque de este tipo. Además, debe sensibilizar a sus empleados contra un ataque de ingeniería social. Organizar un seminario, un taller, una sesión de capacitación o una conferencia para educarlos sobre la naturaleza de este ciberataque y cómo contrarrestarlo. Pida a sus gerentes que vigilen a los empleados para averiguar el débil que posiblemente puede ser víctima. Cuando él o ella ha sido detectado, entrenarlos para valerse contra tal ataque. (Beaver, 2004)

# Capítulo 4

# Ciberterrorismo Y Como Lidiar Con Eso?

El ciberterrorismo no es un nuevo término y ha existido desde finales de la década de 1980. Sin embargo, vio su ascenso desde el incidente del 11 de septiembre de 2001. El ciberterrorismo generalmente se extiende en torno a la piratería en sitios web y portales del sector público, bombas de correo electrónico, bases de datos de ataques de hospitales, departamentos de agua, sitios web bancarios y otros sectores públicos donde los atacantes pueden encontrar información sobre ciudadanos comunes. En 2000, un hacker atacó el sistema de control de gestión de residuos de Maroochy Shire, Australia, y abrió las puertas de un contenedor que contenía aguas residuales crudas. Millones de galones de aguas residuales crudas fueron directamente a una ciudad cercana.

A medida que el uso de Internet está aumentando cada día, las tendencias de los terroristas también están siendo testigos de un cambio significativo. Ahora están utilizando el ciberespacio para utilizar métodos más tradicionales como la activación de bombas y el alimento de combustible entre las comunidades. Han desarrollado sitios web que se están utilizando para transmitir sus mensajes, para coordinar a los miembros de su equipo y también para reclutar nuevos miembros de todo el mundo. Entendiendo el poderoso efecto del ciberterrorismo, Estados Unidos, los países europeos y los países asiáticos han comenzado a tomar medidas viables para combatir esta nueva forma de terrorismo cibernético.

## ¿Qué es el ciberterrorismo?

La Conferencia Nacional de Legislaturas Estatales define el terrorismo cibernético en las siguientes palabras:

"[L]o utiliza la tecnología de la información por parte de grupos terroristas e individuos para promover su agenda. Esto puede incluir el uso de la tecnología de la información para organizar y ejecutar ataques contra redes, sistemas informáticos e infraestructuras de telecomunicaciones o para intercambiar información o hacer amenazas electrónicamente. Algunos ejemplos son la piratería en los sistemas informáticos, la introducción de virus en redes vulnerables, la desfiguración de sitios web, los servicio las amenazas terroristas realizadas a través de la comunicación electrónica". (Terrorismo cibernético, n.d)

El ataque a un ciberterrorista no es similar a la escenificación de un ataque de virus que resultaría en una denegación de servicio para el usuario, pero está dirigido a desencadenar violencia física o una especie de pérdida financiera grave. La Comisión de Protección de Infraestructuras Críticas de los Estados Unidos mide la gravedad y la naturaleza de los ataques diciendo que los objetivos más vulnerables de los terroristas cibernéticos incluyen centrales eléctricas propiedad del estado, cuotas militares, grandes bancos y centros de control de tráfico terrestre o centros de control de tráfico aéreo. Si has visto la película Die Hard 4 que tiene a John McLane como un héroe, puedes entender fácilmente cómo los ciberterroristas pueden infiltrarse en cortafuegos y atacar los centros de control de tráfico para dirigir el flujo de tráfico para que puedan navegar por la ciudad y llegar a un destino específico o simplemente interrumpir el flujo de tráfico en una ciudad para crear pánico entre los ciudadanos.

John McLane tuvo que pasar por una situación similar. El villano de la película resultó ser un genio de la computación que irrumpió en el cortafuegos y puso el control del tráfico y las centrales eléctricas en sus manos. Apagó las centrales eléctricas y atascó el tráfico en la ciudad para involucrar a la administración de la ciudad para despejar el desorden. Ya que tuvo tiempo de hacer su trabajo, inició el mega plan de saquear millones de dólares. Afortunadamente, John conoció a otro genio informático que lanzó una bomba publicitaria en el sistema del villano que interrumpió momentáneamente su red informática. La pelea continuó hasta que el villano fue asesinado a tiros. La película mostraba cómo una sola persona podía hacer como rehén la administración de una ciudad entera.

El ciberterrorismo también se conoce como una guerra de la información. Usted no debe confundirse con el término ciberdelincuencia. El ciberterrorismo es diferente de la ciberdelincuencia a medida que los grupos terroristas lo ejecutan. Es un hecho que los objetivos de ambos pueden ser los mismos, pero las definiciones legales para ambos términos son completamente diferentes. La escala de la intensidad del crimen es diferente.

## Tipos de ciberterrorismo

Las redes sociales han visto un gran auge en los últimos años porque ha proporcionado una plataforma para que personas con ideas afines compartan sus opiniones sobre puntos de vista políticos, sociales, económicos y artísticos. Las personas se conectan entre sí y comparten sus puntos de vista independientemente de su ubicación geográfica. El ciberespacio no discrimina entre personas por motivos de color, raza o ubicación. Esta apertura ha creado una atmósfera libre que a veces es mal utilizada por los malos. El ciberterrorismo es un término amplio que incluye diferentes tipos de ataques para acosar a la gente.

Una de las principales técnicas para escenificar un ataque de terrorismo cibernético es conseguir acceso no autorizado a un ordenador robando archivos de la puesta en escena de un ataque más grande desde esa plataforma. Muchos actos de terrorismo cibernético son similares a los delitos cibernéticos. Esto significa que los ciberterroristas y ciberdelincuentes a veces utilizan los mismos métodos, lo que hace que sea bastante difícil diferenciar entre los dos.

El phishing es un tipo de ataque que implica el envío de correos electrónicos fraudulentos que convencen al usuario de que el remitente es un miembro legítimo de una organización de renombre. El objetivo principal del phishing es obtener información privada como el robo de identidad, contraseñas y datos bancarios. Otro tipo de terrorismo cibernético es la creación de un abrevadero. En este método, los piratas informáticos despliegan una página web falsa que compromete la página original. Los visitantes de la página web se engañan cuando visitan la edad.

Ransomware es otro método utilizado por los ciberterroristas. El objetivo principal de este tipo de método es recaudar fondos para financiar sus actividades terroristas, como bombardeos y asesinatos. En un ataque ransomware, los piratas informáticos infectan un sistema de una organización o un usuario individual con un tipo de virus que bloquea el sistema. Si usted está dirigiendo una empresa de finanzas, usted no será capaz de acceder a sus sistemas informáticos y las operaciones se atascan a menos que realice el pago al grupo de hacking.

Un incidente de un ataque ransomware se hizo bastante famoso. El ataque WannaCry fue ejecutado en mayo de 2017 en todo el mundo cibernético. Se dirigía a equipos que se habían estado ejecutando en Microsoft Windows. El malware encriptado los datos en el ordenador y exigió un rescate pesado a cambio de en moneda bitcoin que no deja rastro detrás para averiguar el usuario.

# Efectos del ciberterrorismo en la infraestructura

Un ciberataque puede tener una amplia gama de objetivos, como la interrupción económica a través de la infiltración en las redes financieras. También se puede emparejar con un ataque físico para crear una atmósfera de confusión para que la atención de la víctima se divide. Mientras están ocupados en la detección del ataque ciberterrorista, el enemigo desencadenará un ataque físico para abrumar a la víctima. Los ciberataques tienen el potencial de infligir pérdidas financieras por valor de miles de millones de dólares y han afectado las vidas de innumerables personas. Aún así, el mundo aún no ha sido testigo de las implicaciones de un ataque ciberterrorista verdaderamente catastrófico.

Hay algunas implicaciones de costo directo de un ataque cibernético potencial, como la pérdida de ventas y los clientes durante el tiempo que una organización ha estado sufriendo de un mega ciberataque. Las horas de trabajo se interrumpirán, lo que significa que el personal ya no está trabajando. Habrá ciertos retrasos en la red y es posible que sus clientes no tengan acceso a su negocio durante el tiempo. El costo del seguro puede aumentar debido a la presencia de litigios en la materia. Usted puede convertirse en víctima de la pérdida de propiedad intelectual. Usted tendrá que asumir altos costos para los forenses para asuntos de litigio. Durante el tiempo de resolución de los problemas, es posible que no se comunique con los clientes y los ejecutivos del personal. Puede haber ciertas implicaciones de costos indirectos, como una pérdida de confianza en su negocio por parte de los clientes. Perderás credibilidad. Este factor importa más si usted es propietario de una empresa de consultoría financiera. Su imagen pública se verá empañada que es mala para su crecimiento de ventas e ingresos. Si tiene uno o más socios comerciales, su relación con los socios comerciales verá una interrupción considerable.

## Lucha contra el terrorismo cibernético

El ciberterrorismo está captando una enorme atención debido a la gran cobertura mediática de los incidentes que afectaron a ciertas instituciones del sector público y privado. El ciberterrorismo tiene el potencial de enviar olas de pánico a nivel nacional e internacional. Es por eso que es la necesidad de la hora para crear conciencia entre la gente sobre este tema caliente y dejar que la gente se defienda.

Para contrarrestar esta amenaza de una manera eficaz, primero es necesario reconocer quiénes son los ciberterroristas. El ciberterrorismo puede ser infligido por personas que albergan intenciones hostiles y que también tienen el conocimiento de usar el ciberespacio para materializar sus intenciones. Pueden ser hackers aficionados o profesionales de TI. A veces los empleados descontentos comienzan a jugar en manos de un grupo hostil o de un grupo terrorista.

Hay tantas fuentes de las que puede originarse la amenaza del terrorismo cibernético, lo que puede crear la impresión de que el terrorismo cibernético es casi imposible de detener, pero eso no es cierto. Los ataques de ciberterroristas son prevenibles, y al tomar medidas efectivas, se puede reducir significativamente las posibilidades de ataques de ciberterroristas.

Los ataques cibernéticos tienen algunos motivos ocultos detrás de ellos, como la destrucción de las capacidades operativas del enemigo. Los ciberterroristas despliegan un ataque para desactivar la capacidad operativa del enemigo. Prepararán un plan para interrumpir el sistema de comunicación y redes del enemigo a fin de privarlos de una comunicación efectiva para la conducción de operaciones fluidas. Una vez que, las operaciones diarias normales se interrumpen, los ciberterroristas pueden pasar al siguiente plan para hacer que el daño sea grave. Estos ataques tienen algunas consecuencias bastante graves en términos económicos y sociales. Si los ciberterroristas logran dañar algunas infraestructuras e instalaciones empresariales clave, pueden seguir afectando a toda la nación y los negocios. Por ejemplo, un mega ataque a las centrales eléctricas de un país puede parar la administración pública y el sector empresarial. Esto también es extremadamente malo para la reputación de una nación porque ciertas empresas y corporaciones del sector público son muy reputadas entre las masas, y un mega ataque cibernético de nivel a estas instalaciones enviará ondas de choque a través de la sociedad. Incluso si los grupos de ciberterroristas no atacan las centrales eléctricas, pueden bloquear el sistema desfigurando los sitios web de las principales organizaciones del sector público y del sector privado. Al tomar el control de estos sitios web, se ponen en una posición para difundir rumores falsos.

Una vez que obtienen el control de sus sistemas, los ciberterroristas pueden obligar a las víctimas a cambiar su afiliación a ciertos partidos. Este no es un objetivo fácil y sólo se puede lograr si los terroristas cibernéticos se apoderan de una base de datos clave sin la cual un negocio se detendrá. Este tipo de ataques están muy motivados y sólo pueden ser defendidos si la víctima está dispuesta a compartir información sobre su estado actual con sus socios. Una vez que toman a sus socios en confianza, pueden ser capaces de manejar la situación con habilidad y pericia.

Otra motivación detrás de mega ciberataques es mostrar a sus socios y seguidores que tienen una sólida capacidad para infligir un daño severo a la reputación de una nación o un grupo empresarial. Este tipo de paso fortalece su vínculo con sus seguidores. Es una especie de seguridad de los líderes a los seguidores que pueden hacer algo grande.

Puede contrarrestar el daño infligido por el ciberterrorismo haciendo planes estratégicos para garantizar la salud de su negocio. El primer enfoque es arrojar cualquier impresión de miedo o intimidación y salir en primer plano para hacer frente a los perpetradores y llevarlos a la tarea. Abunar a los autores encontrándolos y responsabilizándolos según la ley. Si el grupo ciberterrorista reside fuera del país, el intento puede ser inútil, sin embargo, será en beneficio de la organización. Si ha identificado al grupo detrás del ataque, puede localizarlos fácilmente o mantener su registro para futuras referencias. Si el ataque se repite, puede iniciar el procesamiento y llevar a los autores del ataque ante la justicia. El inicio de la investigación y el juicio pueden obligar a los grupos ciberterroristas a arreglar sus caminos por el miedo al procesamiento y la cárcel. Si una decisión llega mientras están en otro país, las víctimas pueden solicitar una extradición o al menos la sentencia puede garantizar que el atacante no pueda volar al país cuyo tribunal ha decidido en su contra. De esta manera, podemos controlar el número de ataques ciberterroristas.

Otra contramedida es asegurarse de que debe desarrollar y, a continuación, implementar un conjunto de las mejores prácticas de seguridad que se adapten a sus operaciones. Pueden incluir un esfuerzo coordinado por parte de todos los miembros de la organización, lo que significa que todos los miembros del personal y los jefes de departamento deben adoptar prácticas estándar para garantizar la seguridad. Como propietario de una organización, puede adoptar prácticas de seguridad estándar como ISO17799. Estas prácticas estándar le proporcionan pasos detallados para seguir el entorno de seguridad de su organización. Debe seguir modificando los estándares de seguridad según las necesidades cambiantes. Además de esto, también puede mejorar las directrices de seguridad para adaptarse al entorno de seguridad cambiante.

Los ataques ciberterroristas exigen un enfoque proactivo por parte de los jefes de las organizaciones. Ser proactivo mientras se enfrenta al terrorismo cibernético exige que su empresa financiera debe mantenerse al día con respecto a los últimos avances en el ámbito de la seguridad, como la introducción de nuevos programas antivirus y los últimos tipos de malware y las medidas para contrarrestarlos. Además, debe estar decidido a actualizar sus redes de seguridad para que las posibilidades de penetración sean mínimas. Las organizaciones deben mejorar su infraestructura actual de red de seguridad eliminando lo que ha sido obsoleto e integrando lo que es nuevo en el mercado. Además, debe haber varias capas de seguridad en la organización para un mejor aislamiento contra los ciberataques. Debe desarrollar un sistema de ejecución de auditorías de seguridad dentro de la organización para evaluar el nivel de amenazas en la organización. Las organizaciones también deben esperar mejorar la infraestructura de seguridad existente agregando varios niveles, como niveles físicos y niveles en línea.

Una de las contramedidas más importantes para hacer frente a un ataque ciberterrorista es que a raíz del ataque, usted debe ser capaz de dirigir su negocio como de costumbre y establecer el curso de su negocio en la recuperación en poco tiempo. Su organización debe incluir un sistema de respuesta de emergencia rápido que ejecute el negocio en modo seguro para que se salve de soportar la mayor parte del incidente. Esto le ayudará a guardar su base de clientes y también mejorar la imagen de su organización en el mercado. Sus clientes y competidores llamarán a su organización como la que es resistente a cualquier tipo de ataque ciberterrorista. Este enfoque proactivo es crucial si usted está dirigiendo una industria de defensa que tiene contratos del gobierno para fabricar armas. Si un ataque de ciberterrorista logra poner a su organización de rodillas, tendrá que vivir con esta verguenza en los próximos años, no es bueno para la reputación de su organización. Los dos planes deben abarcar alrededor de dos cosas principales que son la reparación de la pérdida y la restauración del sistema a su estado saludable.

Debe ejecutar un programa de concienciación general en la organización para sensibilizar a los empleados sobre la importancia de la seguridad y las terribles secuencias que la empresa tiene que enfrentar a raíz de un ataque. Los empleados deben ser entrenados para defenderse de este tipo de ataques. Este tipo de conciencia ayudará a desarrollar un tipo de comunidad que sería más proactiva en el tratamiento de una serie de problemas de seguridad. Diferentes tipos de programas de capacitación en seguridad pueden equipar a las personas con las habilidades que necesitan para proteger sus sistemas informáticos y redes.

A nivel gubernamental, deben haber estrictas leyes de ciberseguridad. El gobierno puede restringir ciertos sitios web y plataformas de redes sociales que cree que afectarían el entorno de seguridad en el país. Se pueden promulgar nuevas leyes para asegurarse de que todos en el país estén seguros.

# Capítulo 5

# Ciberespionaje Y sus Repercusiones Geopolíticas

El ciberespionaje es un acto de participar en un ataque que permite a un usuario autorizado ver material clasificado. Los ataques de ciberespionaje, en general, son bastante sutiles y pueden comprender una sola pieza de código que pasa desapercibida en la mayoría de las oficinas del sector público. Puede ser un proceso que tiene el poder de ejecutarse en segundo plano de una estación de trabajo o un ordenador en una oficina. Por lo general, el objetivo es una oficina corporativa o pública. El objetivo principal de un ataque de ciberespionaje es apoderarse de algunos secretos de propiedad intelectual o secretos clasificados del gobierno. Los atacantes tienen varias motivaciones para planificar y ejecutar un ataque. Pueden hacerlo a cambio de dinero en efectivo u oro o algunos otros beneficios como la libertad de sus compañeros de las prisiones. La última motivación funciona cuando un gobierno está tratando de espiar al gobierno de otro país. Sus consecuencias pueden ser malas, como la pérdida de ventaja estratégica si el ciberespionaje está siendo ejecutado por un gobierno y la pérdida de ventaja competitiva si una corporación está ejecutando el ciberespionaje contra una corporación.

Este capítulo explicará qué es el ciberespionaje y lo devastador que puede ser para las personas de diferentes países y corporaciones de todo el mundo. También explicará las repercusiones geopolíticas y geoestratégicas de un ataque de ciberespionaje contra un gobierno o una industria estratégica. Generalmente, el espionaje se define como una práctica de usar espías para obtener información sobre las actividades y planes de un gobierno y corporaciones.

Para el ciberespionaje, los espías son generalmente un ejército de hackers nefastos que son reclutados de diferentes países del mundo. Estos espías cibernéticos o hackers maliciosos son expertos en dominios políticos, económicos y militares. Estos ciberdelincuentes de alto nivel están equipados con los últimos conocimientos tecnológicos para cerrar estructuras gubernamentales clave como bancos y otros servicios públicos de este tipo. Tienen el poder de influir en las elecciones e interrumpir eventos internacionales como cumbres y encuentros formales.

## Las mejores tácticas de espionaje

Durante un buen número de años, ha habido intentos de buscar beneficios sabiendo ilegalmente lo que los competidores están haciendo. Naturalmente, una empresa necesita reconocimiento de su competidor del mismo lado que un país necesita información sobre las actividades del otro país. Una de las tácticas más comunes para llevar a cabo una campaña de espionaje viable es contratar a personas para enviar como empleados falsos que intentarían acceder a piezas clave de información sobre proyectos específicos. El empleado falso tendrá acceso a un determinado proyecto que se está desarrollando con la ayuda de la última tecnología.

La técnica de empleado falso es bastante útil, pero es un poco arriesgada porque el equipo de seguridad de la otra empresa puede detectar una aberración en el comportamiento del empleado o atraparlo haciendo cualquier otra actividad sospechosa. Durante los últimos años, otra táctica la ha reemplazado. Ahora las empresas buscan un espacio de trabajo no seguro y luego contratan a alguien que puede entrar como invitado y se pega casualmente en una unidad USB en uno de los ordenadores o el servidor principal para cargar un gusano o un malware. El virus se transferirá en cuestión de segundos. El propósito principal de esta táctica es abrir un portal seguro y luego explotarlo para que pueda apuntar más tarde desde una ubicación remota. El virus en la unidad USB le dará suficiente control sobre la red de la computadora desde un sitio remoto que se puede entrar en el sistema e infligir cualquier daño que desee en el sistema.

Ciertos sitios web de negocios ofrecen algún tipo de portal de apertura que puede ser explotado más tarde por un hacker experimentado. Muchos sitios web de negocios no están protegidos hasta un nivel estandarizado. Los hackers pueden usarlo para entrar en el servidor del negocio y robar los datos que necesite. Además, normalmente hay una lista de datos de correo electrónico de los empleados de una empresa. Los hackers pueden utilizar estos datos de correo electrónico para disparar correos electrónicos a los empleados con una línea de código o un enlace dentro para atraer a los empleados a hacer clic en un enlace sospechoso que no haría ningún daño aparentemente, pero es lo suficientemente letal como para permitir que el autor del ataque planee un ataque letal más adelante. Esto es lo que llamamos spear phishing.

## Una mirada a los asuntos de ciberEspionaje

El espionaje se lleva a cabo generalmente entre las naciones del mundo, y no es un fenómeno nuevo. Está en su lugar desde el período medieval y sólo se ha actualizado de vez en cuando y también lo son los espías. El ciberespionaje entre las naciones es un fenómeno nuevo y letal. Los países utilizan el ciberespionaje para obtener ventajas militares, políticas y económicas sobre sus competidores. Los países reclutan individuos altamente calificados para la preparación de un plan de espionaje personalizado que podría infligir algún daño grave a su enemigo. En niveles extremos, un ataque de ciberespionaje puede cerrar una infraestructura del sector público o una infraestructura militar del país víctima. En un nivel ligeramente inferior, apuntaría a las instituciones financieras del país e interrumpiría el proceso de los bancos estatales, ciertas transacciones financieras y cosas por el estilo. En resumen, el ciberespionaje tiene la capacidad de derribar los sistemas de todos los países del mundo que están conectados a Internet. Habrá un caos total si ningún país intenta resistirlo. Lo peor del ciberespionaje que también es lo mejor de su tendencia a dar cobertura infalible al autor del ataque. Los hackers detrás de estos ataques tienen el poder de frotar sus pasos. Esta amenaza está extendiendo sus armas a múltiples ámbitos, como la educación, la producción y los cargos públicos.

## Una visión general de algunos de los últimos ataques de espionaje cibernético

Además de todo, los ataques de ciberespionaje que ocurrieron en 2019 es el ataque de los hackers chinos e iraníes contra las agencias estadounidenses. La noticia ha surgido recientemente que hackers iraníes y chinos atacaron a empresas y ciertas oficinas públicas en los Estados Unidos. Los expertos creen que estos ataques ocurrieron después de que Donald Trump anunciara la retirada del acuerdo nuclear de Irán y el inicio de la mayor guerra comercial con China que afectó a miles de millones de dólares de comercio. El jefe de inteligencia estadounidense informó que estos países desplegaron hackers para robar información de los Estados Unidos e influir en la opinión del público en los Estados Unidos y también para la infraestructura estratégica en el país. Según las evaluaciones de los funcionarios de inteligencia, el principal objetivo de los piratas informáticos era ganar un punto de apoyo en las redes para posicionarse a sí mismos para llevar a cabo futuros ataques. (9 últimos asuntos de ciberespionaje, 7 de marzo)

Otro incidente significativo del año ocurrió en Pakistán cuando el sitio web del Ministerio de Relaciones Exteriores del país fue hackeado y su acceso a diferentes países se restringió. La gente en Pakistán podía ver y visitar el sitio web, pero los ciudadanos de Gran Bretaña, Holanda y el Reino de Arabia Saudita se enfrentaron a serios problemas con respecto al acceso al sitio web. Finalmente, un detallado informe de investigación reveló que la fuente del ataque estaba en la India. El incidente ocurrió justo después del ataque de Pulwama en la India. (9 últimos asuntos de ciberespionaje, 7 de marzo)

Kaspersky Lab expuso Slingshot en 2018. La mayoría de las víctimas del ataque se encontraban en Oriente Medio y Africa. El objetivo principal del ataque Slingshot era tomar capturas de pantalla de las pantallas de la computadora de la víctima, recoger datos de teclado, contraseñas y datos de red. Más tarde, los hombres de inteligencia estadounidenses aceptaron que la honda fue desarrollada y cargada por el ejército estadounidense como parte de un programa oficial para rastrear a los terroristas y recuperar datos importantes de ellos. (9 últimos asuntos de ciberespionaje, 7 de marzo)

Los países pueden defenderse de cualquier tipo de intento de ciberespionaje asociándose con expertos en seguridad. De esta manera, pueden comprender plenamente el alcance de la amenaza y también pueden contrarrestarla eficazmente. Los funcionarios públicos o corporativos pueden señalar los activos que necesitan protección infalible. También debe indicar cuáles son las vulnerabilidades en su sistema. También es mejor realizar una prueba de evaluación de riesgos de seguridad para identificar las áreas débiles en sus sistemas oficiales o del sector corporativo. Una vez que sepa cuáles son las vulnerabilidades, puede seguir arreglándolas de inmediato. Estos datos le darán una idea de cómo desarrollar una estrategia en profundidad.

# Capítulo 6

# ¿La Ciberguerra y Cómo Defenderse de Ella?

La ciberguerra alude al uso de la tecnología para lanzar ataques contra gobiernos, corporaciones y ciudadanos de un país para infligir un daño significativo. Generalmente no hay armas involucradas en la guerra, y todo esto sucede en el mundo cibernético. Se ha hablado mucho de la ciberguerra en todo el mundo, pero el hecho es que no hay una sola ciberguerra que haya declarado antagonistas. Aun así, no faltan incidentes que hayan causado perturbaciones algo graves en la infraestructura y que los expertos sospechen que han sido perpetrados por un Estado.

La definición de ciberguerra del diccionario Oxford English es: "El uso de la tecnología informática para interrumpir las actividades de un estado u organización, especialmente el ataque deliberado de los sistemas de información con fines estratégicos o militares".

La ciberguerra es difícil porque en el momento del incidente, la gente no tiene idea de quién ha comenzado el ataque y ¿por qué está haciendo eso? Hay muchas preguntas que están girando en los jefes de los titulares de cargos públicos, pero sólo unas pocas respuestas. A veces no hay respuestas en absoluto. Esto crea una gigantesca red de confusión entre las personas; es por eso que la primera reacción a este tipo de situación es el silencio. En la mayoría de los casos, nadie se intensa para reclamar la responsabilidad por el ataque. Los países pueden abrir las puertas de la especulación sobre la base de conjeturas crudas y situación geopolítica actual, pero no hay acusaciones concretas. La razón detrás de la ausencia de pistas es que los estados son bastante hábiles en cepillarlos en la parte posterior de enormes recursos y la disponibilidad de talento experto. Además, no se puede probar que un estado está directamente involucrado en el ataque, incluso si se puede rastrear a los perpetradores. Los piratas informáticos pueden ser contratistas individuales que han sido contratados por un estado con la condición de que no revelarán quién los había contratado para el trabajo.

Sin embargo, algunas historias siguen circulando por los estados sobre la ciberguerra, y algunas de ellas son bastante aterradoras. ¿Qué sucederá si los hackers patrocinados por el estado tendrán suficiente poder para desmayar al mundo entero mediante la ejecución de múltiples ataques cibernéticos en todo el país? ¿Qué pasa si se infiltran en los bancos y congelan diferentes cajeros automáticos en todos los países para bloquear el flujo de efectivo? Tal vez tengan éxito en el cierre de los aeropuertos y las empresas navieras. Los puertos se cerrarán y las fábricas serán puestas bajo bloqueo porque los hackers tomarán el control de las centrales eléctricas. Pasarán a paralizar aeropuertos y hospitales. Todas estas historias de miedo comienzan a flotar en todo el mundo cada vez que ocurren algunos mega ataques en el mundo.

De hecho, a veces, tenemos que ver estos escenarios ya que ya no son hipotéticos, y han comenzado a suceder. La ciberguerra ha materializado estas historias. Una vez, fue un pensamiento o una mera fantasía que la piratería podría interrumpir sistemas enteros del estado en lugar de ser sólo una herramienta para saquear y saquear, pero ahora vemos que la piratería realmente puede interrumpir las operaciones de los estados.

Una buena noticia es que hasta ahora, la ciberguerra no ha dado lugar a ningún tipo de pérdida directa de vidas, pero es verdad que la ciberguerra nos ha demostrado que puede infligir pérdidas financieras significativas. La ciberguerra se ha utilizado para crear pánico entre el sector industrial. Hasta ahora, se ha utilizado para negar a los civiles el acceso a algunos servicios básicos como la energía y el calor. Con el escenario geopolítico cambiante, se ha observado que los países más pequeños que se sienten acosados por los poderes más grandes parecen estar probando la guerra cibernética para flexionar sus músculos en este reino. Irán, Rusia y Corea del Norte parecen estar interesados en usar la ciberguerra para igualar el poder de países poderosos como Estados Unidos porque saben que no pueden igualarla en la guerra tradicional. Aún así, es un hecho que Los Estados Unidos tienen las capacidades de guerra cibernética más avanzadas del mundo. Es sólo que ella está mostrando un poco más de moderación para mantener la situación en las manos.

## Breve historia de la ciberguerra

Si queremos entender qué es la ciberguerra y cómo comenzó, debemos dar una breve lectura de sus orígenes. Vale la pena entender cómo el mundo está definiendo esto. El término en sí tiene décadas y fue narrado por primera vez en la historia de Thomas Rid Rise of the Machines. Se hablaba de armas automáticas y coches voladores. Luego vino la idea de la guerra robótica con el concepto de un terminador que va en una oleada de asesinatos. En 1993, el think tank RAND flotó la idea de cómo los hackers militares serían utilizados en el futuro para atacar las computadoras del enemigo que estaban usando para el comando y el control.

La perspectiva de una guerra cibernética completa evolucionó con el aumento del poder de TI de China, Estados Unidos y Rusia. Hay muchos otros países como Corea del Norte, Irán y Arabia Saudita que ya se han saltado en el vagón. Las armas cibernéticas son cada vez más sofisticadas con el amanecer de cada día. Ahora son más agresivos y rápidos, ya que los estados los han estado respaldando con enormes recursos. Hasta ahora, no se ha producido un mega ataque cibernético contra las infraestructuras críticas de los países, pero no se puede descartar la posibilidad de un ataque en un futuro próximo.

Se considera que Rusia, China e Irán están haciendo progresos considerables en el campo de la ciberguerra para romper la hegemonía de los Estados Unidos en el mundo. Ahora están instruidos hacia desafiar el estatus de los Estados Unidos al derrotarla en el mundo cibernético, sabiendo que Los Estados Unidos lideran al mundo en el ámbito de la ciberguerra. Cuando estos tres países están avanzando hacia el cumplimiento de sus diseños, los Estados Unidos también están creando una doctrina cibernética robusta y orientada a la ofensiva que resultaría ser un escudo súper duro a raíz de un ataque, y también prepararía una respuesta poderosa en un corto lapso de tiempo. Esta competencia nos dice que la guerra cibernética va a cambiar su camino y volverse más agresiva y destructiva en un futuro cercano.

Ha habido un conflicto de intereses y una enorme diferencia de opinión entre las potencias mundiales. A Rusia no le gustan las políticas de los Estados Unidos y ha estado impulsando la idea de la llamada soberanía nacional. Kremlin está frustrado porque Estados Unidos está siempre dispuesto a combatir cualquier plan para desafiar su orden. Además, Rusia odia la libertad de expresión y no le gusta la intromisión de los Estados Unidos para apoyar la libertad de expresión en todo el mundo. Rusia ha llegado al punto de decir que se cortaría de Internet global y formaría su propio internet nacional si estados Unidos no se detuviera.

Rusia y los Estados Unidos también se han dedicado a sondear los sectores de poder. Los expertos sospechan que podrían haber logrado plantar códigos maliciosos en los sistemas para que puedan controlar los sectores de energía si estalla una guerra total. China no se está quedando atrás en el mundo cibernético. Ella alberga las mismas ambiciones que Rusia que parece estar harta del unilateralismo de los Estados Unidos. A China, al igual que Rusia, le encanta la idea de la censura estatal. Ella está bloqueando el acceso a un montón de sitios web internacionales, y también quiere seguir la idea de un Internet nacional. Ha ejecutado múltiples represión en los discursos antigubernamentales en Internet.

Hay un tercer factor que ha cambiado significativamente la ecuación de la ciberguerra. Irán también está harta de la hegemonía de los Estados Unidos, y quiere infligir daño a los Estados Unidos desde detrás de las escenas.

## Una visión general de las armas utilizadas en la ciberguerra

Ruso y China están en camino de desarrollar armas cibernéticas sofisticadas para su uso futuro. Del mismo modo, estados Unidos, Israel y Francia también son muy activos entre los Estados-nación en liderar el camino en el mundo cibernético. Bueno, esto no prueba que todos estos países hayan comenzado a usar armas cibernéticas contra otros países, pero pueden usarlas si quedan atrapados en un conflicto entre sí. Si recordamos, Stuxnet fue una empresa conjunta de Estados Unidos e Israel para revertir el progreso del programa nuclear de Irán.

Las armas cibernéticas utilizadas por el estado no son diferentes de las armas utilizadas para los ataques criminales por los piratas informáticos. La ingeniería social a la que ya he dedicado un capítulo es una de las pocas armas cibernéticas que se utilizarán. Stuxnet fue un ejemplo perfecto de un arma cibernética. Fue descubierto en 2010 y fue hecho de múltiples capas de ataque para asegurar la máxima pérdida por parte del enemigo. La forma en que sucedió sigue siendo una cuestión de debate entre los expertos en ciberseguridad, pero la mayoría de ellos están de acuerdo en que fue un USB que alguien insertó a sabiendas o sin saberlo en un sistema de aire e infectó al programador de energía nuclear iraní empujándolo décadas detrás de donde ha llegado. El malware en la unidad USB hizo uso de múltiples exploits de día cero y se hizo como tal para cazar el software que corría y controlaba las centrífugas. Una vez que había localizado el software de las centrífugas, las abarca más rápido que su velocidad normal y eso también de una manera no detectada. La velocidad de las centrífugas se mantuvo más rápida de lo normal durante un período de varios meses y, finalmente, las centrífugas se rompieron. Stuxnet afectó alrededor de una 1000 máquinas.

Nadie se atribuyó oficialmente la responsabilidad del ataque, pero la gente de todo el mundo cree que se trataba de un programa patrocinado por el Estado y una empresa conjunta de Estados Unidos e Israel. Lo interesante es que ningún país acusado negó el ataque. Stuxnet es un famoso ejemplo de todos los tiempos de un arma cibernética letal que mató silenciosamente al programador de energía nuclear de Irán infligiendo una pérdida de millones de dólares a Irán.

Otro ejemplo proviene de Rusia que sigue siendo acusado de varios ciberataques patrocinados por el Estado. Rusia se ha enfrentado a acusaciones de diseñar y montar algunos ciberataques bastante graves contra Ucrania. El más notorio de los ataques es el ataque BlackEnergy que resultó en hacer alrededor de 700.000 casas sin energía en 2015. Otro es el malware NotPeya que resultó ser ransomware, pero en realidad, se hizo como tal para destruir los sistemas informáticos que infectados.

Corea del Norte también ha estado en las noticias por sus ciberataques. Tiene una relación turbulenta con los Estados Unidos en el diplomático, especialmente porque este último es un oponente firme de su programador nuclear. Corea del Norte no tiene el poder de competir en Estados Unidos a nivel económico e incluso nuclear, por lo que ha adoptado este nuevo enfoque de competir en el ciberespacio. Los expertos cibernéticos dicen que Corea del Norte ha estado involucrada en algunos ciberataques bastante peligrosos. Han tratado de establecer un vínculo entre Corea del Norte y el Grupo Lázaro. El más notorio de los ataques que habían generado titulares de noticias para los días venideros fue el ataque al entretenimiento de Sony Pictures.

Los hackers irrumpieron en la red de Sony Pictures Entertainment y robaron una gran cantidad de documentos confidenciales de su oficina y después los publicaron en línea en las próximas semanas. Esto expuso los documentos a las masas de periodistas y personas comunes a ciberdelincuentes que posiblemente podrían utilizar la información para maximizar sus ganancias financieras. Los periodistas viertieron la enorme cantidad de documentos e informaron casi todo lo que contenían los documentos. La mayoría de los documentos llevaban detalles de una película reciente de Sony Pictures Entertainment, pero había un montón de documentos que exponían los datos de los empleados.

Hubo más de un informe del gobierno estadounidense que vinculó el ciberataque a Corea del Norte, y había razones bastante sólidas para pensarlo porque el gobierno norcoreano había mostrado descontento hacia Sony Pictures debido a una película que había producido. La película, llamada The Interview, fue una comedia de acción que giraba en torno a un complot de asesinato de Kim Jong Un, el gobernante de Corea del Norte.

Lo que realmente sucedió en Sony Pictures fue espeluznante, por decir lo menos. Los empleados de Sony Pictures llegaron a su oficina un lunes por la mañana e intentaron iniciar sesión en su computadora. Se sorprendió de lo que habían visto en la pantalla. Había una foto de un esqueleto rojo neón que los saludaba. La pantalla les mostró las siguientes palabras: #Hacked por #GOP. El grupo amenazó a Sony Pictures para que publicara una gran cantidad de datos si los funcionarios de la compañía no aceptaban su solicitud. Hubo más de una declaración del grupo del GoP.

Cada mensaje del grupo Guardian of Peace acompañaba enlaces para descargar los datos que habían robado de las redes de Sony Pictures. El día que ocurrió el ataque, el FBI publicó una nota de advertencia a las empresas sobre la entrada de un nuevo tipo de malware. Incluso después del paso de días y semanas, los empleados de Sony Pictures no podían iniciar sesión en sus viejos ordenadores porque los funcionarios de la compañía no estaban seguros de si habían eliminado completamente el malware del sistema o no.

El gobierno de Corea del Norte no reclamó el ataque y es por eso que la atribución a un grupo o individuo específico fue dura, pero los funcionarios y la gran mayoría de los expertos en ciberseguridad vincularon el ataque con el gobierno norcoreano. Funcionarios norcoreanos negaron la responsabilidad del ataque, pero lo apodaron como una acción justa y lo apreciaron. También alude al hecho de que el grupo que cometió el acto podría haber estado entre el grupo de partidarios del régimen. La responsabilidad no podía imponerse a una persona o gobierno específico, pero Corea del Norte dio una indicación de que apoyaba el acto del grupo de hackers.

## Defenderse de la ciberguerra

La ciberguerra ha evolucionado considerablemente en los últimos años de ser un concepto teórico a una cosa práctica. La naturaleza destructiva de las armas cibernéticas ha ido creciendo a un ritmo rápido, gracias al creciente as de herramientas de ciberataque y grupos de mercenarios cibernéticos.

Las armas cibernéticas pueden infligir un daño sin precedentes a la infraestructura económica de un país. Ahora la guerra ha cambiado su forma y se está llevando a cabo en el ámbito cibernético. Los líderes militares están ahora haciendo una lluvia de ideas para crear nuevas líneas de defensa contra los ataques en el ciberespacio. Ahora están desarrollando sistemas inteligentes para salvaguardar sus activos que permanecen en el ciberespacio.

Ha habido un aumento significativo en el número de ataques cibernéticos, y ahora los hackers tienen acceso a un arsenal de armas cibernéticas poderosas y automatizadas. Las armas van desde ataques de denegación de servicio hasta armas de ataque de diccionario que están diseñadas como tales para probar una amplia gama de combinaciones de contraseñas para iniciar sesión en un sistema de red. Otro método es la ingeniería social que gira en torno a la recolección de información clave de los empleados de un gobierno o una corporación.

La escala de la destrucción de un arma cibernética es tan amplia que es bastante difícil calcular qué cantidad de pérdida es capaz de infligir. Por ejemplo, el ransomware WannCry infectado alrededor de 300.000 ordenadores en alrededor de 150 países. El número de computadoras afectadas fue grande y el radio que cubrió fue increíble, por decir lo menos.

La enormidad y la inmensidad del ataque han hecho que las defensas contra este tipo de ataques sean motivo de gran preocupación. Los militares de todo el mundo se están preparando para un nuevo frente de batalla. Han empezado a entender a estas alturas que no es sólo una cuestión de raza tecnológica, sino una cuestión de cuántos recursos tienes y cuán brillante es tu mano de obra. Requiere un tiempo considerable y horas de codificación para evaluar el origen de un ataque y la solución para preparar una defensa sólida para el ataque. Ahí es donde está el problema. Los militares de todo el mundo apenas tienen la mano de obra necesaria para llevar a cabo este tipo de ataques. De hecho, ha habido un grave déficit de trabajadores de ciberseguridad en todo el mundo.

Desde el ataque Sony Pictures, podemos deducir el hecho de que no es fácil responder a un ciberataque de inmediato. De hecho, es difícil adivinar el momento del ataque. Cuando los empleados de Sony Pictures vieron la pantalla creada por los piratas informáticos, todos los documentos ya habían sido robados y subidos a Internet. La pantalla era sólo una especie de insinuación de que habían sido atacados. Es posible que no hayan sabido sobre el ataque si los piratas informáticos no mostraron el mensaje en las pantallas.

El primer problema es la detección del ataque. En algunos casos, el ataque es visible. Por ejemplo, si el ciberataque se realiza en una planta de energía, es más fácil de detectar. Aún así, se necesita mucho tiempo y esfuerzo para localizar el origen del ataque e incluso si descubres el origen del ataque, es difícil fijar la responsabilidad de un gobierno si este último no lo reclama o lo niegas rotundamente.

Ha habido intentos de los países de reforzar las defensas contra un posible ciberataque. Un ejemplo de preparación para la ciberguerra es el ejercicio de los Escudos Bloqueados que la OTAN ha estado ejecutando durante bastante tiempo. Hay un país que llama Berylia en el escenario que es un estado miembro ficticio de la OTAN y ha estado flotando en el Atlántico Norte. Este estado tiene una relación un tanto dura con Crimsonia, el estado rival. Se supone que Crimsonia se encuentra cerca del lado oriental de Europa. El proyecto está siendo operado por el Centro Cooperativo de Excelencia en Defensa Cibernética de la OTAN y actualmente es el más grande y uno de los ejercicios internacionales de defensa técnica más complejos en los que participan alrededor de 900 participantes de un total de 25 naciones.

Cada año un grupo de equipos nacionales participa en los juegos, de los cuales uno es de la propia OTAN. La OTAN ha estado llevando a cabo este tipo de ejercicios durante los últimos años y esto ha dejado muy claro que la ciberguerra ya no es una fantasía y se ha movido del ámbito teórico al ámbito práctico. No sólo la OTAN, los países individuales también están gastando una enorme suma en mejorar su capacidad de defenderse a raíz de la ciberguerra y también para volver con una respuesta abrumadora para disuadir y derrotar al enemigo. Estados Unidos, China y Rusia encabezan la lista de las naciones que cuentan con algunas capacidades bastante avanzadas en el campo.

El ataque de piratería de 2015 contra el sector de la energía de Ucrania que había dejado a cientos de miles sin energía resultó ser una llamada de atención para los gobiernos de todo el mundo. El ataque mostró el potencial de un arma cibernética y su importancia en una guerra tradicional. Imagínate si un país pierde todo su poder en medio de un ataque tradicional de su vecino. Significa aniquilación completa o entrega en cuestión de horas antes que el enemigo. ¡Qué vergonzoso es! De hecho, ¡qué destructivo puede ser para el mundo! El país que tiene la tecnología cibernética más sofisticada puede acabar con los otros países o convertirlos en su esclavo.

Desde el ataque al sector eléctrico de Ucrania, los países han comenzado a prestar plena atención a la importancia del desarrollo de armas y defensas cibernéticas. Como cada año, este año los equipos se dieron a la tarea de proteger la principal base aérea militar de Berylia de cualquier tipo de ciberataques. Los equipos contendientes tienen que defender todo lo que hay en la base, como la oficina principal, los ordenadores personales que tenían sistemas operativos Windows, el sistema operativo Mac, el sistema de operaciones Linux, las cuentas de correo electrónico y todos los servidores principales o menores. Los equipos también se dieron a la tarea de defender los sistemas que controlaban el sector de la energía y la oficina que controlaba el tráfico aéreo militar. Otras instalaciones que estaban bajo la defensa fueron los drones de vigilancia militar y las oficinas de control que dirigían el combustible de suministro hacia y desde la base aérea. La idea básica detrás del ejercicio era reforzar el concepto de que todos los sistemas individuales y la oficina que están dentro o fuera de la instalación, pero de alguna manera están vinculados a ella deben ser protegidos, ya que pueden ser un objetivo potencial de los piratas informáticos.

Los ejercicios de Escudos Bloqueados han ampliado su reino y se han convertido en una especie de juego de comunicaciones. Los equipos han comenzado a responder para ciertas entrevistas para actualizar a la gente sobre cómo fue su respuesta a un ataque determinado. Se ha convertido en una especie de juego en el que los participantes tienen que lidiar con un paquete de amenazas y neutralizarlas en un corto período de tiempo. Cada equipo tiene un conjunto diferente de amenazas y depende de sus decisiones sobre lo bien que protegerá el estado de Berylia.

A los equipos se les asignan diferentes colores y diferentes PCs. Red denota a los atacantes, mientras que el verde denota el equipo de infraestructura que tiene la responsabilidad de mantener el juego en el modo de carrera. El blanco es el color que se le da al equipo responsable de las comunicaciones, así como a los equipos legales y otros que se ejecutan dentro de los escenarios.

Hay un montón de personas que se animan a actuar como personas ingenuas que desprevenidamente hacen clic en enlaces sospechosos y dan la bienvenida a todo tipo de virus en su sistema que permite a los atacantes para iniciar un ataque cibernético letal contra los defensores. Así que los defensores son deliberadamente puestos en una situación difícil para que su apetito pueda ser probado. Los usuarios que han sufrido de un ciberataque tiene la facilidad de presentar una queja con el equipo azul que no pueden acceder a su correo electrónico y otros servicios porque acaban de hacer clic en un ransomware y ahora son incapaces de abrir nada en su propio ordenador. Esto crea otra molestia para el equipo defensor para tratar y resolver.

Los juegos están diseñados como tal para introducir un nuevo conjunto de virus y un tipo único de amenaza cada vez que comienza a dar a los participantes una muestra de cómo ocurre un verdadero ciberataque y cuál debe ser su respuesta a él. Así es como son capaces de desarrollar una estrategia única cada vez para hacer frente a la amenaza. El entorno es tan real que todo el mundo está muy involucrado en lo que está sucediendo. Esto hace que estos juegos sean eficientes cuando se trata de crear un escudo de defensa contra un ciberataque.

Este tipo de ejercicios permitirá a los países responder a un ciberataque en tiempo real y también neutralizar un ataque justo en la fuente de al menos justo después de que se haya activado. El objetivo principal es minimizar la cantidad de tiempo que se gastó anteriormente en detectar la naturaleza de la amenaza y luego crear una respuesta para tratar con ella. (Ranger, 2017)

# Capítulo 7

# Una Visión General de la Piratería Ética

Los tiempos cambian rápido. El advenimiento de la tecnología ha transformado la naturaleza de las amenazas y los ataques y también las estrategias para hacer frente a ellos. Esta naturaleza cambiante de las amenazas también ha exigido un cambio en el enfoque en nombre de los propietarios de negocios. Hoy en día, las corporaciones han estado sufriendo de serias amenazas de los ciberdelincuentes. Sus datos están en riesgo y sus transacciones financieras también son vulnerables a un ataque de hackers.

Tradicionalmente, un hacker era considerado como un individuo que ilegalmente jugar con el software y bases de datos de una empresa para hacer ganancias monetarias ilegales. Los hackers disfrutaron del anonimato que el ciberespacio les ofrecía, y pasaron a explorar los documentos y archivos de ciertas empresas sin su permiso previo. Se han convertido en una especie de fuerza maligna hoy en día y se han convertido en alguien que albergaría malas intenciones y también irrumpiría en sistemas de corporaciones para robar datos importantes o para interrumpir el flujo y las direcciones de las transacciones financieras. Así es como toman la posición de chantajear a los propietarios de una corporación y exigen beneficios monetarios a cambio de dejar su sistema solo. Las intenciones de los hackers hoy en día son en su mayoría maliciosos. O necesitan ganancias financieras o están trabajando para un brazo de un gobierno o actuando como un contratista individual que haría un trabajo a cambio de dinero. Algunos hackers están empeñados en hacerse famosos en la parte posterior de cometer estos actos maliciosos, mientras que algunos de ellos están empeñados en tomar venganza. El ataque a Sony Pictures del que he explicado en detalle fue un acto de venganza contra la compañía por hacer una película sobre Kim Jong Un que pretendía burlarse de él.

Todos los hackers no son iguales. Algunos hackers de sombrero blanco trabajarían para contrarrestar los actos de los hackers sombrero negro y garantizar la seguridad de la propiedad para su ciberespacio. La piratería ética ha sido la charla de la ciudad durante bastante tiempo. Los hackers éticos se aseguran de que su ciberespacio es perfectamente seguro a raíz de cualquier ataque de piratería. Su objetivo es eliminar cualquier tipo de lagunas y puntos débiles del marco de seguridad de su organización.

Este capítulo explica qué es la piratería ética y por qué es necesario garantizar una ciberseguridad infalible en su organización. La mayoría de la gente da a los hackers una atribución negativa y la piratería ética pasa a cambiar esta percepción de la gente. El punto es que necesita protección contra los ciberataques. Un hacker ético le ofrecería las habilidades, la mentalidad y las herramientas adecuadas que garantizarían la ciberseguridad en su organización. Un hacker ético tiene todas las mismas herramientas que un hacker malicioso tiene. La única diferencia es que un hacker ético es más confiable y utilizarlos para fines positivos. La piratería ética también se conoce como pruebas de penetración o piratería de sombrero blanco. La piratería ética es completamente legal como una empresa contrata a un hacker para probar sus capas de seguridad y encontrar cualquier posible lagunas que pueden ser explotadas por los malos. Solo es legal si toma el permiso previo del propietario de la organización para probar sus redes de seguridad. Es un tipo de programa de gestión de riesgos de la información que crea espacio para la mejora en el entorno de seguridad. La piratería ética puede despejar el aire sobre las dudas en las redes de seguridad de una organización. Los hackers éticos también le ofrecen soluciones viables para problemas de seguridad clave en una organización.

## Una mirada a los peligros a los que se enfrentan sus sistemas

Saber que su sistema es vulnerable a los ciberataques es una cosa y saber qué tipo de peligros se enfrentan es otra cosa. Usted debe ser específico cuando se trata de explicar los peligros contra su sistema. Los expertos creen que muchas debilidades de la seguridad de la información no son críticas; sin embargo, explotar las debilidades puede tener su peaje en la seguridad de sus redes de seguridad. Algunas debilidades son tan minúsculas que son casi insignificantes en tus ojos. Incluyen una contraseña de SQL Server débil, una configuración predeterminada del sistema operativo en el equipo y también un servidor en la red inalámbrica. Si un hacker opta por explotar todas estas vulnerabilidades al mismo tiempo, esto puede resultar ser un problema grave para su organización.

Un hacker puede atacar la infraestructura de red de su organización. Hoy en día, los sistemas de red están interconectados y un hacker remoto puede acceder a su sistema desde cualquier parte del mundo si está conectado a Internet. Puede conectarse a la red con la ayuda de un módem no autorizado que está conectado a un ordenador dentro de un firewall. Puede explotar la debilidad de TCP/IP y NetBIOS que generalmente se consideran como mecanismos de transporte de red. Pueden inundar su sistema de red con solicitudes abrumadoras y también pueden crear ataques de denegación de servicio. Pueden descargar e instalar un analizador de red en su red y ver cada paquete de datos que viaja hacia y desde su sistema. Esto realmente compromete los datos que viajan dentro del sistema. Puede proporcionar detalles financieros de sus clientes, tales como sus detalles de negocio, su patrimonio neto, sus datos de tarjeta de crédito y muchas otras cosas. Pueden recuperar toda la información en forma de textos claros.

Otro método popular es iniciar un ataque de piratería del sistema operativo. Los sistemas operativos conforman una parte significativa de los ataques de los piratas informáticos porque contienen una o más lagunas que se pueden explotar más adelante. Es un hecho que la fuerza de los sistemas operativos varía. Por ejemplo, Linux se considera más seguro que un sistema operativo Windows o un sistema operativo Mac. Aún así, Linux es también uno de los sistemas operativos más dirigidos porque es uno de los sistemas operativos más utilizados en todo el mundo.

Los hackers explotarían los mecanismos de protocolo en el sistema operativo. Atacarían los sistemas de autenticación e irrumpían en la seguridad del sistema de archivos. Además, los piratas informáticos romper contraseñas y cifrar una amplia gama de mecanismos. Las aplicaciones son otro campo que permanecen bajo el ataque de los piratas informáticos.

## ¿Cuál es el proceso de piratería ética?

La piratería ética, como cualquier otro proyecto de seguridad, necesita planificación anticipada. Los hackers necesitan determinar ciertos aspectos estratégicos y tácticos de un episodio de piratería. La planificación es considerablemente importante para cualquier tipo de prueba, desde comprobar la fuerza de una contraseña en su equipo administrador hasta una prueba de penetración completa de todo su marco de seguridad.

En toda la planificación configurada, lo primero es la formulación de su plan. Necesitas obtener la aprobación para hackear un sistema. Debe asegurarse de que lo que haga debe permanecer visible para los responsables de la toma de decisiones de la empresa. La piratería ética está dirigida a conocer las debilidades y fortalezas de la empresa a raíz de un ciberataque. Si un hacker profesional de sombrero blanco lo lleva a cabo, se suma a la seguridad del sistema. Un aspecto crucial de la piratería ética es que nadie debe tener conocimiento de si una prueba de penetración se está llevando a cabo en el sistema o no. Sólo los propietarios de la empresa o un grupo de ejecutivos deben tener el conocimiento para que alguien no pueda cancelar las pruebas en medio del proceso.

Puede distribuir una nota interna dentro de la organización para intimar a las personas que deben saber acerca de la iniciación de una prueba de piratería ética. Después de eso, debe haber un plan detallado para ejecutar el ataque. Esto significa que necesita una serie de volúmenes de procedimientos de prueba. El hacker debe incluir lo siguiente en el plan.

1. Los sistemas que necesita que pruebe, como el equipo del servidor o cualquier otro equipo que considere en un alto riesgo de un ciberataque.

2. El hacker debe calcular y poner en forma escrita los riesgos que están involucrados en la estela de un ataque.

3. El hacker debe realizar varias pruebas para comprobar el rendimiento del sistema.

4. El hacker debe medir el rendimiento de las pruebas y sus impactos en el sistema.

5. Debe medir la cantidad de conocimiento que tiene antes de empezar a realizar las pruebas.

6. El hacker debe estar listo para hacer frente a cualquier tipo y nivel de vulnerabilidad en el sistema antes de iniciar las pruebas.

7. El hacker debe incluir un informe de evaluación de seguridad y también un informe de alto nivel para describir las debilidades generales que deben abordarse. También debe formular ciertas contramedidas que deben implementarse para minimizar cualquier ciberataque real en el sistema. Deben adoptarse las contramedidas recomendadas para garantizar la máxima seguridad. Si no adoptas la contramedida, permanecerás en desventaja, y todo el propósito del episodio de piratería ética no se entregará.

Cuando está seleccionando sistemas para pruebas, debe comenzar con los sistemas más vulnerables de la empresa. Por ejemplo, puede probar contraseñas de computadora so planificar un ataque de ingeniería social antes de caer profundamente en sistemas más complejos. No se olvide de exigir a su hacker para mantener un plan de contingencia en su lugar en caso de que la prueba de piratería ética va mal. Por ejemplo, el cortafuegos puede mostrar algunas debilidades graves cuando el hacker intenta probarlo. Como resultado, se cae de plano en su cara, exponiendo los marcos de seguridad de su organización a una debilidad considerable. Su aplicación web será derribada y esto puede crear una grave indisponibilidad de los sistemas para sus clientes. El rendimiento del sistema se ralentizará y la productividad de sus empleados comenzará a tocar los niveles inferiores. Usted puede perder datos y dar la bienvenida a algunas publicidades bastante malas en el mercado. Es por eso que un plan de contingencia debe estar en su lugar para cada tipo de ataque que inicie.

Además de otros ataques, es necesario manejar los ataques de ingeniería social con el máximo cuidado. Los hackers deben ser capaces de determinar cómo estos ataques pueden afectar a los sistemas de su organización. El mejor enfoque para garantizar una seguridad infalible es organizar un ataque ilimitado que abarque diferentes tipos de ataques dentro de su organización. El punto es que los ciberdelincuentes no tienen un límite cuando se dirigen a su organización, así que ¿por qué debe mantenerlo limitado? Usted debe dar el contrato a los piratas informáticos que serían capaces de ejecutar la ingeniería social, pruebas físicas, DoS y todos los otros tipos de pruebas al mismo tiempo para comprobar la cantidad de energía que tiene los marcos de seguridad de su sistema y cuánto estrés puede sostener.

## Tiempo para ejecutar el plan de hacking ético

La piratería ética exige persistencia por parte de los propietarios de una organización. Usted necesita mantenerse paciente mientras entrega la seguridad de su empresa a un hacker ético experto. Usted necesita hacer todo de forma pacífica y silenciosa para asegurarse de que el proceso terminó sin problemas. Esta es una misión de reconocimiento, por lo que necesita aprovechar tanta información sobre su organización como sea posible y luego entregarla al hacker ético. Tienes que empezar con una visión amplia. Veamos cómo debe ejecutar su plan.

El primer paso es navegar por Internet para averiguar la presencia en línea de su organización, el equipo que está utilizando en la organización y los sistemas de red junto con las direcciones IP. Los hackers necesitan esta información antes de ejecutar un ataque. Pueden buscar en Google el nombre de su empresa para ver lo visible que es en el ciberespacio. Además, deben encontrarlos en otros motores de búsqueda como Bing.

El siguiente paso es reducir el alcance del ataque de piratería ética apuntando a algunos sistemas particulares que ha estado probando. Ya sea que tenga la intención de golpear a los sistemas físicos o a cualquier tipo de aplicación web, debe ejecutar una evaluación casual que pueda ayudarle a recopilar información clave sobre sus sistemas.

A continuación, puede permitir que el hacker para llevar a cabo una prueba de piratería ética. El paso más importante de la piratería ética es asegurarse de que está evaluando eficientemente los resultados de lo que ha descubierto. Debe evaluar los resultados y formar una conexión entre vulnerabilidades específicas. Así es como usted será capaz de crear un mecanismo de defensa sólido que podría disuadir cualquier ataque a la explotación de estas vulnerabilidades. Al final de una prueba de piratería ética, usted tendrá un montón de información sobre los sistemas de su empresa. Usted sabrá cómo funcionan estos sistemas, cuáles son las debilidades que un ciberdelincuente puede explotar y cuáles son los remedios. Usted se sentirá más seguro de hacer negocios de lo que ha sentido nunca antes. (Beaver, 2004)

# Capítulo 8

# Internet de las Cosas y la Vulnerabilidad

El Internet de las cosas es más crucial para las empresas que nunca. Se están desarrollando rápidamente en la parte posterior de las innovaciones de vanguardia, pero el aspecto de la seguridad no es una prioridad para la mayoría de los innovadores y creadores. A menudo hay poca o ninguna seguridad incorporada para los sistemas. Los usuarios domésticos compran y utilizan ciertas tecnologías inteligentes sin preocuparse por el número de peligros que estas tecnologías pueden traer consigo. Las preguntas de seguridad realmente ha agobiado cierto internet de las cosas (IoT) desde el día en que se inventaron para que la gente las use. Casi todo el mundo, desde los proveedores hasta los consumidores nacionales, está más preocupado que nunca de que los dispositivos que están utilizando puedan verse comprometidos tarde o temprano. El verdadero problema es peor que eso. Internet vulnerable de las cosas dispositivos pueden ser hackeados en, exponiendo al usuario a fraude y violación de datos. Los hackers hoy en día tienden a amenazar incluso algunos dispositivos bastante altamente seguros.

Aun así, apenas hay debate sobre cuál es el origen del problema. ¿El problema se refiere a la fase de creación del dispositivo,, o a la fase de implementación,, o a la fase de administración de los sistemas IoT? Además, queda por ver lo que se puede hacer para la mitigación de los problemas? En este capítulo se analizan las debilidades del internet de las cosas y las soluciones para eliminar estas debilidades.

## Una visión general de las debilidades del Internet de las cosas

El internet de las cosas es débil, tiene contraseñas adivinables y fáciles de romper. Algunas de las amenazas al Internet de las cosas (IoT) tienen una naturaleza única, mientras que otras se dirigen al ecosistema de la aplicación. Cada amenaza, en cualquier caso, conduce a la pérdida de privacidad, reclutamiento de dispositivos o pérdida de control. Básicamente, el Internet de las cosas (IoT) hace uso de la conectividad a Internet que tiene tecnología integrada que les permite estar bajo control desde una ubicación remota. Como no había seguridad prevista para estos dispositivos, el nivel de brechas de seguridad está tocando los cielos, generando titulares en todo el mundo. Las personas son tan descuidadas con los dispositivos IoT que no se toman en serio establecer contraseñas difíciles de adivinar que son bastante largas e incluyen números y símbolos. La evaluación de riesgos y la seguridad adecuadas son cruciales para su empresa y sus dispositivos domésticos.

Los dispositivos de Internet de las cosas (IoT) pueden ir desde vehículos y electrodomésticos hasta electrónica y actuadores que permiten que estas cosas se conecten. Ha habido noticias sobre un ciberataque en un casino. Los ciberdelincuentes, como se informó, utilizaron un termostato submarino, conectado a Internet, para hackear el casino. A través de la brecha de seguridad, los atacantes obtuvieron acceso a través de las puertas traseras del casino y entraron en la base de datos de jugadores. Era espeluznante y escalofriante para la mayoría de los negocios. ¿Quién se imaginaría que un termostato se utilizaría para colarse en el ciberespacio y robar datos preciosos? Sin duda, envió escalofríos por las espinas de la mayoría de los hombres de negocios.

Estos dispositivos están llegando a los negocios comerciales, así como en los hogares. Uno de los dispositivos más populares es

Alexa de Google. Algunos otros dispositivos populares son cerraduras de puertas inteligentes, Google Home y smart hubs. Otros dispositivos incluyen termostatos, cámaras de Internet, controladores de riego y respiraderos inteligentes.

Una de las vulnerabilidades más comunes en estos dispositivos IoT es que son bastante vulnerables a los ataques ransomware. Ya hemos discutido los efectos adversos de este ransomware que afectó a las personas en más de 150 países del mundo. El famoso ciberataque había afectado a alrededor de 55 cámaras de tráfico en Australia y Virginia. También había interrumpido el Servicio Nacional de Salud británico. Este fue uno de los mayores ataques ransomware en la historia de los delitos cibernéticos, y sigue siendo una amenaza de alto nivel. Esto no fue un ataque directo a los dispositivos IoT, pero esto realmente mostró cómo un ciberataque podría afectar a todos los dispositivos con una interfaz de usuario.

Los atacantes pueden encontrar una interfaz web débil y explotarla. Pueden usar credenciales débiles para acceder a la interfaz y robar datos, iniciar un ataque de denegación de servicio, y también pueden tomar el control de su dispositivo, bloqueándolo. En 2014, los ciberdelincuentes utilizaron una interfaz web débil para comprometer a los routers Asus. La única debilidad era que tenían nombres de usuario y contraseñas predeterminados.

Si no hay autenticación suficiente, puede ser explotado por los ciberatacantes. Este tipo de vulnerabilidad se puede manipular fácilmente para obtener acceso a una interfaz. Los atacantes pueden desencadenar un ataque de denegación de servicio y poner en peligro los datos en el dispositivo. Los hackers utilizaron esta técnica para obtener acceso al Jeep Cherokee a través de la conectividad Wi-Fi. La debilidad era que la contraseña Wi-Fi para los Jeeps se generaba sobre la base del momento en que se inició el coche. Si el hacker puede adivinar fácilmente el tiempo, pueden utilizar algunos métodos de fuerza bruta para obtener acceso a la unidad principal del jeep.

A veces, los atacantes utilizan servicios de red débiles para atacar el dispositivo. Estos dispositivos comprometidos se pueden utilizar como facilitador o medio para atacar a otros dispositivos. El cifrado de transporte es otro problema que es explotado por los piratas informáticos. Esto da la bienvenida a 3rd partes para ver los datos que viajan entre redes. Pueden ver lo que ha estado viajando y robar a voluntad. Esta es la vulnerabilidad más fácil de explotar.

## ¿Hay un remedio?

No debe dar datos al Internet de las cosas (IoT) que no lo necesitan. Este es el consejo de seguridad más importante a tener en cuenta si desea mantener su (IoT) seguro de cualquier tipo de ataques cibernéticos. Aquí hay un diagnóstico de la lista de consejos que podrían ayudarle a salvar a su empresa de caer presa de algunos errores comunes que podrían interrumpir su negocio. Vamos a ir a través de un adelanto de los métodos para minimizar las amenazas de seguridad cibernética.

- Debe actualizar cada contraseña en todos los dispositivos de su hogar u oficina. Usted debe tener el máximo cuidado en el uso de un dispositivo que tiene contraseñas predeterminadas. Además, debe establecer los permisos mínimos que serían necesarios para permitir que los dispositivos funcionen correctamente.

- Debes estar listo para hacer tu tarea sobre todo lo que va en la red. También debe estar listo para mantener a la vista todos los servicios back-end y en la nube que funcionan dentro de la red. Por ejemplo, algunas personas utilizan documentos de Google para almacenar sus datos y algunas empresas configuran sus oficinas remotas en una plataforma en línea, como slack y basecamp. Antes de dar el paso para cambiar su espacio de trabajo o compartir su información personal en plataformas en línea, debe llevar a cabo una investigación considerable sobre cuál es la situación de seguridad de la empresa con la que está trabajando y cuán seguro es el espacio en línea que ha estado utilizando.

- Siempre es una buena idea crear una red independiente para su espacio de trabajo de datos de trabajo para evitar cualquier intento de penetración. Puede configurar el área de trabajo dentro de los límites de un firewall y bajo una inspección cuidadosa cuando se trata de la seguridad de los dispositivos IoT. Esto realmente puede ayudar a mantener los dispositivos inseguros lejos de los recursos y redes clave. Este es un tipo de enfoque proactivo para hacer su negocio perfectamente seguro.

- Otro consejo que debe seguir es nunca usar las características que no va a necesitar. Por ejemplo, debe mantener los micrófonos de su televisor inteligente apagados si no los necesita. Sólo la visualización del televisor debe ser suficiente para sus necesidades. Siempre tiene una opción abierta para desactivar el micrófono y también su conexión a Internet. Esto hará que su dispositivo IoT sea seguro y protegido. Hubo un famoso episodio de piratería de televisión inteligente en los Estados Unidos de América. Wikileaks contenía algunos archivos que indicaban que los agentes de la CIA usaban un malware de televisión inteligente llamado Weeping Angel para espiar a la gente. Weeping Angel era una aplicación que corría en segundo plano encendiendo el micrófono de la televisión inteligente y grabando el audio. La aplicación era tan potente que podía manipular el Wi-Fi que la televisión inteligente estaba utilizando y recuperar sus claves. También podría acceder a los nombres de usuario y contraseñas que se almacenan en el navegador de televisión. Otra característica de la aplicación permitió a los operadores grabar el audio incluso cuando la televisión se apagaba. (Browster, 2017)

- Otro consejo importante para maximizar la seguridad de su dispositivo IoT es estar atento a cualquier tipo de compromiso físico que podría poner sus datos e identidad en riesgo. Los dispositivos que tienen un conmutador de "restablecimiento de fábrica" de hardware que podría borrar cualquier contraseña y establecer el dispositivo en contraseñas predeterminadas se considera altamente vulnerable. Una vez que estaba en la oficina en mi escritorio cuando un colega se acercó a mí y me exigió que miré en su dispositivo móvil que estaba bloqueado por error. El usuario ya no recordaba la contraseña. Tenía algunos conocimientos prácticos sobre cómo encender el dispositivo móvil en el modo de configuración. Así que lo apasioné y presioné un par de teclas simultáneamente para volver a encenderlo en el modo de configuración. Usé las teclas de volumen para desplazarse hacia arriba y hacia abajo para hacer clic en varias opciones para llegar a la correcta que podría permitirme restablecer la contraseña. Estaba tomando la guía de un video de YouTube que se estaba ejecutando en mi propio teléfono móvil. Se herramienta alrededor de cinco minutos antes de que llegué a la opción de restablecimiento de fábrica. Fue un restablecimiento duro que borró todas las contraseñas en el dispositivo y le dio un reinicio. El teléfono se reinició poco después de que el restablecimiento haya terminado. Estaba perfectamente desbloqueado. Era un teléfono inteligente de precio moderado que la mayoría de la gente usa. Me preguntaba si mi teléfono permanece en manos de una persona hábil, ¿qué estragos podría causar en mi vida? Tengo muchas cosas en mi teléfono. Hay un detalle completo de mi cuenta bancaria. Podría transferir todo el dinero a su propia cuenta sin mi autorización. También podría interrumpir mis espacios de trabajo virtuales porque utilizo Slack y Basecamp para hacer mi trabajo. Eso no fue realmente tranquilizador. Me asustó la falta de seguridad en ese dispositivo smartphone. Así que tienes que comprobarlo antes de comprarlo. Si hay algún tipo de opción de restablecimiento de fábrica, debe evitar comprar ese dispositivo.

- Si no puede bloquear el tráfico entrante al dispositivo IoT que está utilizando, debe asegurarse de no dejar abierto ningún puerto de software que alguien pueda usar para obtener el control.

- Hacer un poco de cifrado en las cosas. Debe cifrar cualquier tipo de datos que envíe o reciba a través de su dispositivo IoT. Hálo regularmente para mantener los datos seguros. La mayoría de los datos se pierden porque no los hemos cifrado. Los hackers pueden interrumpirlo a mitad del aire y robar los paquetes, y usted no sabrá nada al respecto.

- Debe adoptar el hábito de realizar actualizaciones periódicas del software y los sistemas operativos de su dispositivo IoT. Algunos dispositivos se actualizan por sí solos cada vez que se conectan a una conexión a Internet fiable. Además, debe comprobar manualmente las actualizaciones en los dispositivos IoT y asegurarse de que reciben parches. El mejor consejo es evitar el equipo que no se actualiza regularmente.

- A veces los fabricantes dejan de admitir diferentes dispositivos y software. Por ejemplo, Microsoft dejó de admitir los dispositivos de teléfono celular de Microsoft que habían iniciado anteriormente. Del mismo modo, Microsoft ha dejado de admitir el sistema operativo Windows 7, lo que significa que los usuarios no reciben ninguna actualización para sus definiciones de seguridad que son cruciales para garantizar la seguridad del dispositivo. Si un fabricante ha dejado de admitir un dispositivo, significa que el dispositivo ahora es vulnerable a los ciberatacantes y no debe comprarlo.

# Capítulo 9

# Vulnerabilidades en Infraestructuras Críticas

La infraestructura crítica son los activos, sistemas y redes que desempeñan un papel crucial en la seguridad del Estado-nación. Si no logran permanecer operativos, la seguridad de la razón puede verse comprometida y su economía se desliza en el caos. También tiene un impacto muy malo en la salud pública y la seguridad de la región. La infraestructura crítica es generalmente similar en casi todos los estados-nación del mundo porque se ocupa de algunas necesidades básicas de la vida. Hay una ligera diferencia en diferentes países en la división de la infraestructura crítica.

Explicaré la infraestructura crítica de los Estados Unidos como referencia. 16 sectores de infraestructura crítica se consideran vitales para los Estados Unidos y que, si son destruidos o incapacitados a raíz de un ciberataque, pueden desembarcar al país en serios problemas. Estos sectores de infraestructura crítica incluyen el sector químico, el sector de las instalaciones comerciales, el sector manufacturero, el sector de las comunicaciones, el sector de las presas, el sector de la base industrial de defensa, etc. Casi para todas las demás naciones, estos sectores siguen siendo los mismos sólo con una pequeña desviación.

## Una visión general de las amenazas a las que se enfrenta la infraestructura crítica

Hay preocupaciones entre los diferentes círculos gubernamentales de que la infraestructura crítica está en riesgo de un ciberataque. La preocupación por un ciberataque sofisticado a la infraestructura crítica tiene sus raíces en los servicios que esta infraestructura ofrece a los ciudadanos de un país. Una pequeña interrupción de los servicios puede poner al gobierno de rodillas debido a la mega interrupción en el flujo de la administración pública y el caos que se le atribuye en forma de protestas públicas. Por ejemplo, si el departamento de agua de la nación está sujeto a un sofisticado ciberataque, las posibilidades son altas de que un gran número de personas se vean afectadas en un país. El agua, al ser una necesidad básica de los seres humanos, afectará negativamente a la paz pública. Pronto, la gente vendrá a tomar las calles y habrá caos en todas partes si los servicios no se devuelven a la normalidad en un corto lapso de tiempo.

La ciberseguridad ha pasado de ser una cosa impulsada por el dinero a convertirse en una fuerza importante en la configuración de las relaciones internacionales entre los diferentes países. Hoy en día, los ciberdelincuentes buscan ciertas vulnerabilidades en la infraestructura crítica de una nación para obtener acceso a cierta información útil y altamente clasificada. Una vez que se apoderan de una información importante, son capaces de hacerse cargo de toda la organización o en una determinada actividad que el departamento está ejecutando. Para empeorar esto, pueden optar por paralizar el sistema y matar toda una actividad que resultará ser caótica. (Ciberseguridad para infraestructura crítica, 2019)

La ciberseguridad tiene que depender de una amplia gama de factores internos y externos. Todos los dispositivos que están conectados a una red tienen ciertas puertas traseras que pueden ser explotadas por los piratas informáticos que quieren obtener acceso a una organización. Con el acceso a la organización, los piratas informáticos también logran obtener acceso a ciertos sistemas a los que la organización se ha conectado. La forma en que las brechas de ciberseguridad han sido en todas las organizaciones del mundo, la ciberseguridad se ha convertido en una prioridad para casi todos en la configuración de la infraestructura crítica.

El problema es que todos los dispositivos y sistemas están conectados a Internet que lo fortalece y también lo debilita. Hay un muy bien diciendo que un marco de ciberseguridad en la infraestructura crítica es tan potente como el más frágil de los dispositivos en la configuración. Ponga un dispositivo débil en la red y arriesgue una brecha. Ayudará a los hackers a acabar con toda la organización en cuestión de horas. Por lo tanto, la organización debe mantener en su consideración el más débil de los dispositivos en el sistema y eliminar cualquier tipo de ambiguedad con respecto a la seguridad. (Ciberseguridad para infraestructura crítica, 2019)

Ha habido un aumento significativo en el uso de las redes sociales y la conectividad a Internet en todo el mundo. Según una estimación, alrededor de 2.500 millones de personas habían estado conectadas a Internet en todo el mundo en 2014. La cifra toca ahora alrededor de 3 mil millones. El internet de las cosas está en aumento y como he aludido en los capítulos pasados, y son el tipo más frágil de dispositivos y son más vulnerables a un ataque de un hacker malicioso.

Hay una serie de ataques que pueden suceder. Lo más preocupante de las cámaras de vigilancia IP es que los hackers podrían optar por utilizar estos ataques de ciberseguridad para crear grietas en diferentes partes de la infraestructura crítica a la que quieren dirigirse. A través de estas grietas, pueden infiltrarse y hacerlo como un punto de salto para recoger algunos datos clasificados que pueden vender en la web oscura o a un corredor que luego lo vendería a un estado en particular. Otro punto de vista peligroso es que este tipo de brecha se puede utilizar para hacerse cargo de una serie de controladores en el sistema. (Ciberseguridad para infraestructura crítica, 2019)

Si ocurre un ciberataque en la industria del petróleo y el gas, pueden recopilar información crucial sobre el suministro de petróleo o pueden dejar de funcionar de plataformas o pozos de petróleo, empujando el suministro de petróleo y gas a un alto. Esto puede ser catastrófico si los jefes de la infraestructura y las agencias del país no están anticipando el ataque. Una vez más, el ejemplo de Ucrania de los capítulos anteriores es otro incidente evidente para explicar cómo una infraestructura crítica puede ser atacada y lo letal que puede ser el ataque en términos del nivel de destrucción que se le atribuye. Una red eléctrica de apagado produce un efecto de goteo en toda la administración del país que ha sido objeto de un grave ataque. Cuando el sector de la energía se apaga, activa el cierre del sector industrial. El sector industrial puede incluir algunas industrias estratégicas como la industria armamentística y exportadora que genera los ingresos del país. Cuando se ha insertado un tapón en la desembocadura del sector industrial, tendrá su peaje en el público en forma de pérdida de empleo y un rápido aumento de los precios de las cosas de uso diario. El cierre del sector de la energía también obligará al sector de las telecomunicaciones y a las empresas de banda ancha a cerrar las operaciones después de un tiempo a menos que haya suficiente combustible en los generadores que mantienen las torres de telefonía celular funcionando en ausencia de energía. (Ciberseguridad para infraestructura crítica, 2019)

## Las repercusiones de no cuidar de la ciberseguridad

Los sectores de energía y energía entre todos los sectores de infraestructura crítica, son apodados como los sectores más importantes porque son propensos a los ciberataques. Los hackers ven estos sectores como motores para ejecutar los otros sectores. Si caen, con ellos, bajan todos los demás departamentos clave de infraestructura crítica. El transporte se verá gravemente afectado si los trenes no reviven la energía. El cierre del sector eléctrico también afecta negativamente al sector del agua y la agricultura.

Los Estados deben adoptar medidas clave para endurecer todo el sistema contra los ciberataques, pero deben prestar atención específicamente a los sectores de poder y energía que son de importancia estratégica. Imagínese si un país hostil ataca a su país derribando el sector del poder. Sus casas estarán oscuras y no habrá servicio de cable que significa que no habrá noticias. Como jefe del estado, perderás la mitad de la guerra sólo porque no podrás comunicarte con el público, lo que significa que los niveles de turbulencia en el país serán un máximo histórico. Esto es suficiente para sacar al país de control. Un mal funcionamiento en el ámbito de la ciberseguridad en la infraestructura crítica puede causar fallos catastróficos que pondrían en desventaja estratégica en un estado de guerra. Si desea imaginar lo que sucedería en ausencia de energía debido a un ataque de ciberseguridad, debe mantener a la vista de lo que sucede cuando una tormenta derriba las redes eléctricas. Al menos sabemos que la tormenta es responsable del caos que hemos estado sufriendo. A raíz de un ataque de ciberseguridad, el elemento del miedo también tiene su peaje en el público. (Ciberseguridad para infraestructura crítica, 2019)

## ¿Cuáles deben ser los pasos para proteger estos sitios?

Por supuesto, los mercados están llenos de herramientas que debe utilizar a raíz de un ataque, pero igualmente importante es el hecho de que no debe olvidarse de aplicar algunas normas importantes en sus sistemas. Las organizaciones deben redactar directivas que garanticen que sigue las prácticas de seguridad recomendadas para su organización. Las prácticas recomendadas deben afectar a la selección, así como a la configuración de determinados dispositivos que se utilizan en los entornos. Como jefe de un estado, no solo debe redactar políticas y ponerlas en blanco y negro, sino también aplicarlas para mitigar el factor de riesgo en el sistema. (Ciberseguridad para infraestructura crítica, 2019)

Debe adoptarse un plan de sitio de ciberseguridad estándar al igual que un plan de sitio de seguridad (SSP) que aborda la seguridad física de una organización. Algunos funcionarios públicos albergan la opinión de que pueden encubrir la ciberseguridad en su totalidad al igual que lo hacen con la seguridad física, pero no se dan cuenta del hecho de que la seguridad física se extiende alrededor de los límites de la infraestructura, como una planta de energía. Conoces la extensión de las paredes y también conoces las puertas. Usted tiene la opción de instalar un alambre de afeitar alrededor de la instalación para maximizar la seguridad. Usted puede ir por pasar una corriente eléctrica a través de las vallas para disuadir a los intrusos. Habrá cámaras de circuito cerrado de televisión y una fuerza de guardias para aislar la instalación, y también habrá un sofisticado sistema de alarma de seguridad que comenzaría a gritar tan pronto como detecte el más mínimo movimiento sospechoso alrededor de la instalación. Cuando se trata de ciberseguridad, las cosas se vuelven aún más diferentes. Los hackers quieren colarse en el sistema con el menor ruido posible.

Además, no hay límite en el rango de ataques. Un hacker puede residir en una pequeña ciudad de Africa mientras se dirige a una corporación en los Estados Unidos. Los hackers siempre están buscando maneras de encontrar las lagunas que pueden explotar para infligir la máxima pérdida a la empresa. La dificultad para mantener la ciberseguridad radica en el hecho de que usted tiene que mantenerse al tanto de la situación todo el tiempo. Siempre es mejor anticipar un ataque y prevenirlo en lugar de ser víctima de un ataque y luego lidiar con él.

Una vez que un malware llega al sistema, se tarda algún tiempo en ser rastreado y más tiempo para eliminar del sistema. Usted tiene que hacer una evaluación clara de los procesos de ciberseguridad y es necesario trazar un mapa de las vulnerabilidades que existen en su sistema. Estos dos pasos son exactamente lo mismo que en la creación de un SSP. Usted tiene que ser diligente en el mantenimiento de los cambios, y también mantener su equipo cibernético al día con los últimos conocimientos y herramientas para hacer frente a los últimos ciberataques. Si el hacker no se limita a los métodos antiguos, ¿por qué debería? Y si usted trata de poner un límite en usted, usted se arrepentirá porque el ciberdelincuente estará muy por delante de usted para el momento en que se da cuenta de su presencia en el sistema. ¿Suena espeluznante y aterrador? (Ciberseguridad para infraestructura crítica, 2019)

El problema es que un solo punto débil en el sistema es suficiente para que un hacker determinado entre en el sistema y lo corrompa antes de que sepa lo que sucedió. Debe buscar los productos que puede encajar fácilmente en el plan de seguridad de su organización. Una solución clave para combatir las brechas de ciberseguridad es formar equipo con socios que tienen una buena reputación, y que siguen las mejores prácticas disponibles en el mercado. Además, la empresa de seguridad con la que se está uniendo debe ser abierta y transparente en sus tratos. Debe insinuarse con la naturaleza de las amenazas a las que se enfrenta su organización y las soluciones que la empresa de seguridad ha estado implementando para resolver el problema. (Ciberseguridad para infraestructura crítica, 2019)

Existe la posibilidad de que una posible caída de una brecha de red ocurra dentro de un sector crítico de infraestructura se vuelve destructiva; sus efectos se pueden sentir en un gran número de sectores críticos. Cuando está tomando medidas para proteger los dispositivos dentro de su organización, uno de los principales factores es adquirir equipos de diferentes empresas que se han comprometido a ofrecer las mejores prácticas para garantizar la seguridad en la organización. Deben mostrarle el historial de hacerlo al final.

Hay un factor clave que las organizaciones no deben ignorar si quieren garantizar la seguridad de la organización en el ámbito cibernético, y que es garantizar la ciberseguridad de extremo a extremo para todos los dispositivos interconectados y los sistemas disponibles en una instalación. Para lograr este objetivo, puede emparejarse con organizaciones afines que ofrecerían tecnología de cortesía y están altamente comprometidas a hacer que los productos sean seguros. (Ciberseguridad para infraestructura crítica, 2019)

El tercer factor más importante para proteger los sistemas de red y los dispositivos es garantizar la implementación y aplicación de políticas de seguridad sólidas a través de la instalación. Debe haber procedimientos estándar para minimizar la posibilidad de un error humano que socavaría la ciberseguridad de toda la instalación.

También debe instalar ciertas herramientas de administración de dispositivos que pueden facilitarle las cosas para asegurarse de que todos los dispositivos están configurados correctamente de acuerdo con las prácticas recomendadas. La ciberseguridad a prueba de tontos se centra en la evaluación de los riesgos, así como en tomar las medidas adecuadas para combatir los ataques cibernéticos evidentes. La ciberseguridad sólo puede funcionar si usted está dispuesto a trabajar con la cantidad adecuada de personas y también está dispuesto a implementar las mejores políticas. Si puede tener en cuenta todos estos factores, puede reforzar la ciberseguridad en su organización para una mejor protección de sus sitios de infraestructura crítica y los activos. (Ciberseguridad para infraestructura crítica, 2019)

# Capítulo 10

# Impacto Económico de la Ciberseguridad

Es fundamental que calculemos el costo económico de la ciberseguridad antes de pasar a introducirla en nuestras organizaciones. La evaluación debe ser correcta y también debe tener una estimación categórica del costo de la ciberseguridad para los diferentes sectores de su organización. No sólo para la defensa de los diferentes sectores de una organización, sino también para la prevención de ciberataques en el futuro. Más que nunca, necesitamos que nuestros activos y la propiedad intelectual estén totalmente protegidos a raíz de los ciberataques. Los responsables políticos de un país o de una organización deben tener en cuenta el alcance de la ciberdelincuencia cuando están redactando políticas de seguridad. Las políticas deben incluir los gastos en la ejecución de estas políticas.

Este capítulo arrojará luz sobre diferentes aspectos de los gastos cuando se trata de ciberseguridad. Debe ser parte del proceso de elaboración del presupuesto para estimar cuántos fondos se destinan a asegurar el ciberespacio alrededor de una organización. Las estimaciones deberían ser lo más realistas posible. La naturaleza de los delitos cibernéticos ha cambiado considerablemente y es por eso que la cantidad de recursos financieros que fueron inyectados anteriormente en los sistemas para mantenerlos en funcionamiento debe ser modificado según los últimos requisitos. Al comienzo de los delitos cibernéticos, se limitó a saquear dinero de un banco o una institución financiera o extorsión. Ahora la ciberdelincuencia se ha transformado en algo grande. Se ha convertido en ciberespionaje y guerra cibernética que ha tomado el mundo por sorpresa. Estos nuevos desafíos han añadido una nueva dimensión al mundo de la ciberseguridad. Esto nos lleva a una mayor cantidad de fondos que deben entrar en la defensa de la organización contra estas amenazas.

Hoy en día, hay diferentes aspectos de la ciberseguridad, como el nivel municipal, a nivel estatal y a nivel federal. Cada sector corporativo e incluso las empresas minoristas tienen que invertir en ciberseguridad para protegerse. A veces, se debe realizar un estudio científico para evaluar el nivel de riesgos que se cierne sobre sobre una organización. En otras ocasiones, los expertos en ciberseguridad deben llevar a cabo una auditoría de seguridad forense para señalar las debilidades y posibles lagunas que pueden convertirse en posibles puertas de enlace para los ciber atacantes. Aparte de eso, si usted tiene que ejecutar un plan de piratería ética completa para hacer una evaluación de riesgos precisa en su organización.

Una vez fui contratado por una empresa de consultoría financiera para iniciar un plan de piratería ética después de que la firma sufriera una gran pérdida debido a una mega violación de datos. Tuve que cobrarles miles de dólares debido a la cantidad de tiempo, energía y el número de equipos que tuve que poner en el plan de piratería ética. Fue abrumador a veces porque tenía que pasar por cubos de basura, los cubos de basura, la base de datos, el almacén, los servidores y todas las lagunas posibles que podrían ser explotadas. Tuve que duplicar las tasas porque había aceptado la responsabilidad de preparar un informe sobre las razones del primer ataque y las estimaciones de la pérdida. Esto aumentó la cantidad de trabajo y el tiempo que se gastaría en el proceso. Si usted hace que sea un hábito para ejecutar una prueba de piratería ética completa una vez al año, puede minimizar el costo de la ciberseguridad porque no tendrá que pagar por la preparación del informe del incidente pasado, y en segundo lugar, no habrá ningún incidente si permanece proactivo.

Otros costos diferentes pueden entrar en juego cuando estamos protegiendo el ciberespacio en una organización. Usted tendrá que gastar dinero en software antivirus, software de prevención de intrusiones, y otras cosas de este tipo. Usted tendrá que comprar una serie de dispositivos de seguridad y software de red que podrían evitar cualquier intento de infiltración a nivel global. Usted tendrá que incluir a ciertos gerentes, ejecutivos y oficiales de seguridad de la tecnología de la información.

Aún así, el costo de la ciberseguridad es un poco complicado, ya que es bastante difícil resumir los costos de presentación de informes y las pérdidas financieras reales en el sistema. Las pérdidas financieras reales son bastante difíciles de estimar porque el costo total de una pérdida de propiedad intelectual puede ser bastante difícil de estimar. En el pasado, ha habido casos en los que las empresas tuvieron que declararse en bancarrota y también tuvieron que cerrar sus negocios debido a la pérdida de propiedad intelectual. Otro factor de costo se materializa en términos de pérdida de reputación porque eso aleja a los clientes existentes y también a las posibles perspectivas para futuros negocios. Incluso la contabilidad de costos de la pérdida que ha sufrido debido al ciberataque.

Las brechas de ciberseguridad que apuntan a los activos estratégicos de una nación, como sus programas militares y agencias gubernamentales, se suman a los factores de costo de un ciberataque. Otro factor de costo es asegurar la defensa de la nación en términos de ciberseguridad. El ciberespionaje está en aumento, como hemos presenciado en una amplia gama de estudios de casos en los capítulos anteriores. Los países tienen que reservar una cantidad considerable de suma para disuadir cualquier intento de espionaje en sus instalaciones estratégicas. Esto ha resultado ser una carga adicional para las haciendas nacionales.

Cómo se puede medir el impacto económico de un posible ciberataque ha ganado mucha importancia a medida que más y más líderes empresariales han mostrado interés en reforzar sus redes de ciberseguridad. Los adversarios de negocios son cada vez más competitivos en sus respectivos campos y están buscando una ventaja sobre los demás sin importar cómo obtengan esta ventaja. Irrumpir en las bases de datos y sistemas informáticos de las empresas adversarias es una manera de operar rentablemente a los ojos de algunos propietarios de negocios, que sin duda está por debajo del cinturón. Esta búsqueda para obtener un mayor conocimiento sobre las estrategias de negocio de sus adversarios han obligado a ciertos propietarios de negocios a crear una estrategia infalible para hacer frente a los ciberataques. Esto exige una asignación específica del presupuesto al inicio del ejercicio. Diferentes analistas han abordado este problema en su propio estilo. Han estado utilizando los tipos de modelos de impacto que son especulativos en sus conclusiones y suposiciones.

# Capítulo 11

# Soluciones al Problema de la Ciberseguridad

El mayor desafío del mundo moderno es asegurar el ciberespacio, del cual usted es un habitante continuo. Pasamos más tiempo en el mundo cibernético que en el mundo real, pero aún así, casi no hacemos nada para asegurarlo. Es el mayor reto para resolver los problemas de ciberseguridad que enfrentamos hoy en día debido a la enormidad del problema. Los fundamentos de seguridad requieren cierta información sobre las medidas de control para salvaguardar la confidencialidad e integridad de los datos de una empresa. En ausencia de controles estrictos, los ciberatacantes pueden seguir amenazando con derribar sistemas enteros y exponer datos confidenciales o cerrar de inmediato todos los sistemas de un negocio. Este tipo de ataques pueden conducir a algunas pérdidas comerciales bastante graves.

Los ciberdelincuentes pueden irrumpir en los cortafuegos y centros de control de acceso para penetrar en una red e infligir algunos daños graves. Si desea neutralizar esta amenaza creciente, necesita capacitar a sus empleados en el campo de la ciberseguridad e instalar algunos controles agresivos para proteger la información confidencial. Cualquier persona que quiera aprender sobre los fundamentos de la ciberseguridad debe aprender técnicas de gestión expertas para mantener la confidencialidad de la información empresarial.

Los ciberatacantes no han adoptado las últimas prácticas para aumentar la eficiencia de sus ataques. Algunos de ellos han transformado sus habilidades en habilidades empresariales y no sólo están vendiendo, sino también licenciando herramientas de piratería a los aspirantes del campo. Esto se ha convertido en un negocio próspero para algunos expertos. La venta de tecnología de día cero es un ejemplo brillante de tecnología que se vende en el mercado abierto donde se está mercantilizando. Incluso ransomware se ha convertido en un servicio.

Ha habido un ecosistema completo para que los ciberdelincuentes aprovechen sus actividades. Pueden utilizar enormes recursos de ese ecosistema para hacer el ataque más grave y letal.

## Soluciones a problemas de ciberseguridad

Los problemas de ciberseguridad no tienen una única solución para todo tipo de ataques. Un enfoque puede resultar ser la mejor solución en todos los casos. Las soluciones deben incluir tecnología sofisticada y componentes humanos, como la formación de los empleados y la difusión de conciencia entre los miembros de la junta.

El primer enfoque es el enfoque de inteligencia en tiempo real que evitaría y también contendría ciberataques activos. Ya se ha dado cuenta del hecho de que los ciberataques se vuelven más costosos si hay un retraso en la identificación de la naturaleza y el núcleo del ataque. Hay varias maneras de protegerse de una amenaza de ciberseguridad.

La primera técnica es formar una estrategia de defensa de varias capas. Debe asegurarse de que la estrategia debe cubrir la empresa en su totalidad, y todos los puntos de conexión, dispositivos móviles y aplicaciones deben estar bien protegidos. Siempre es un mejor enfoque instalar una autenticación de dos o tres factores para que los datos de los sistemas sean accesibles para los usuarios. Se debe instalar el mismo proceso de autenticación para acceder a la red.

Debe haber una evaluación de proveedores externos para el sistema de ciberseguridad. Debe implementar la directiva de privilegios mínimos en la organización que significa que nadie tiene un privilegio especial para tener acceso a información confidencial en sus sistemas. Usted debe desarrollarlo en un hábito de larga data para revisar la aplicación de credenciales cuando se trata de cualquier aplicación de terceros o software. Puede dar un paso más para colocar en un acuerdo de nivel de servicio (SLA) que obliga a los proveedores DE terceros 3 a cumplir con las políticas de seguridad de su empresa. Si ya ha firmado el acuerdo, tiene derecho a revisar si la tercera parte ha estado cumpliendo con su política de seguridad.

Una cosa importante que nos perdemos es hacer una copia de seguridad de los datos que ha estado generando cada día en nuestras oficinas. Es bueno tener fe en sus sistemas de seguridad, pero es mejor hacer una copia de seguridad de sus datos en el momento en que se está moviendo hacia el cierre de las horas de oficina. Eso es lo que puede ahorrar una gran cantidad de dinero que se gastaría en caso de que sus datos sean robados y eliminados de sus sistemas. Además, usted estará perfectamente a salvo de los ataques ransomware.

No tengas miedo de parchear con frecuencia. Un parche de software es un tipo de actualización de código que se instala en el software existente. Más a menudo, estos parches son correcciones temporales cuando el software está en modo de actualización y todavía no ha llegado a los mercados. Un parche se utiliza normalmente para corregir un error en el software o abordar la vulnerabilidad de seguridad más reciente. También puede pasar a instalar nuevos controladores en su sistema.

Los problemas de TI no son problemas comerciales normales, ya que se ocupan de los empleados tanto como se refiere al departamento técnico. Una brecha de ciberseguridad puede ser realmente frustrante porque el enemigo está oculto. La mayoría de las empresas de todo el mundo todavía lo consideran como algo que no es un problema de negocios, pero están lejos de la verdad. La verdad es que cada empresa debe tener un equipo de gestión de amenazas cibernéticas que capacite a los empleados al sentar las bases de una cultura de concienciación sobre el riesgo cibernético en su organización. Además, se recomienda que ciertas organizaciones designen a su director de seguridad de la información. Los empleados deben estar capacitados para saber cuáles son las señales de una brecha de ciberseguridad para que cuando uno sucede, están listos para detectarlo y reportarlo al jefe de la rama de seguridad. Además, los empleados deben ser entrenados para abrir correos electrónicos de la manera correcta y también deben saber cómo responder a un intento de toma de control por piratas informáticos maliciosos.

La solución superior para abordar los problemas de ciberseguridad es recoger la empresa adecuada que ofrezca la mejor estrategia que se adapte a las necesidades de su negocio. Necesita un proveedor de servicios de seguridad experimentado que sea capaz de ofrecer una solución adaptable de una manera eficaz y que también ofrezca una solución perfecta.

Usted debe conseguir de software antivirus de primera clase que puede proteger sus sistemas informáticos de cualquier tipo de ataque. Un programa antivirus eficiente puede escanear sus sistemas informáticos, los correos electrónicos que usted y su personal reciben y ver la navegación realizada durante el horario de oficina.

Si el software antivirus detecta alguna amenaza, puede eliminarla de inmediato antes de que pueda infectar sus sistemas informáticos. No olvide actualizar el software antivirus justo después de que la compañía publique una nueva versión de definiciones. Esto le ayudará a lidiar con los últimos errores que están presentes en el reino en línea. La mayoría de los programas antivirus incluyen un tipo de función de descarga automática cuando el sistema informático se conecta a una conexión a Internet válida. Algunos empleados son propensos a apagar el programa antivirus para aumentar la velocidad del sistema informático que no es un buen ejercicio. El programa antivirus debe seguir ejecutándose todo el tiempo para maximizar la seguridad. Sólo de esta manera puede asegurarse de que su sistema está siendo continuamente escaneado en busca de virus y la prevención de cualquier amenaza potencial.

## ¿Qué pasa si ya ha sido atacado?

Las soluciones son diferentes en caso de que sus sistemas informáticos ya han sufrido de un ciberataque. Si sospecha que se ha descargado cualquier archivo dudoso en el sistema, el primer paso debe ser eliminar el archivo del sistema y guardar el equipo. No intente abrirlo antes de eliminarlo. Un solo clic puede costarle su privacidad. Después de haber eliminado el archivo, debe ejecutar un análisis de seguridad inmediato para detectar si quedan efectos del archivo sospechoso o no. Si su equipo detecta un registrador de claves en el sistema informático, debe dirigirles inmediatamente que restablezcan todas las contraseñas de sus sistemas informáticos para todas las cuentas vinculadas a ese sistema.

Si está ejecutando una empresa, necesita tener una capacidad de administración central en el servidor local y en la nube, así es como puede almacenar archivos y carpetas en un único servidor al que puedan acceder un montón de funcionarios. Como empresa, debe asegurarse de que tiene acceso a un servidor en la nube para almacenar datos importantes. Así es como puedes salvarte de una pérdida extrema tras un ciberataque.

Es necesario que la ciberseguridad sea perfecta determinando qué recursos necesita para una mejor protección. Debe estar listo para identificar las amenazas para su negocio y los riesgos involucrados en sus transacciones diarias. Debe ser proactivo en el cálculo de las medidas de precaución necesarias para hacer frente a las amenazas y para proteger los activos de su negocio. Usted debe estar listo para manejar ciertas brechas de seguridad. Debe seguir actualizando las medidas de protección si es necesario.

# Capítulo 12

# Tendencias Futuras en Ciberseguridad

La ciberseguridad ha sido un tema candente para organizaciones y empresas de todo el mundo. Cada empresa tiene sus propias prioridades, así como ideas a seguir. Algunas de las tendencias actuales en el ámbito de la ciberseguridad se centran en los tipos de ataques que se están perfilando en la industria, diferentes métodos para prevenir el ataque y los tipos de industrias que están en la lista de objetivos. Otras tendencias en el ámbito de la ciberseguridad que están actualmente a la vanguardia están relacionadas con los métodos y tecnologías que se utilizan para defenderse de un ciberataque. Estas tendencias incluyen una reducción considerable de las vulnerabilidades de seguridad, ya que los individuos y el sector corporativo son ahora más conscientes de las vulnerabilidades de seguridad en sus sistemas informáticos. Las redes son cada vez más seguras y mejores para hacer frente a las amenazas cibernéticas. La privacidad de los datos sigue aumentando, lo que ha hecho que los datos sean más seguros. Además, la recopilación, así como el análisis de datos, son más eficientes en comparación con las prácticas anteriores.

Ha habido algunas tendencias de seguridad en la industria de TI que han dominado hasta ahora. La autenticación multifactor está en la parte superior de la lista. Se ha asegurado considerablemente el ciberespacio. He configurado un sistema de verificación de dos factores para mis cuentas de Gmail y está funcionando bastante bien en proteger mi cuenta de correo electrónico de cualquier tipo de ataque. Esto ha hecho que las contraseñas sean más seguras que nunca. Además de esta tendencia, los escáneres de retina y los sistemas biométricos también están en aumento. (Las principales tendencias de ciberseguridad en 2019 (y qué esperar en 2020), 2019)

## Una visión general de las tendencias actuales en el ámbito de la ciberseguridad

No debería sorprender que el phishing se mantuvo en la parte superior de la lista en las tendencias de ciberseguridad, pero ha cambiado su forma un poco, ya que ahora no se trata sólo de correos electrónicos, aunque los correos electrónicos siguieron siendo un vector de amenaza popular. Los ciberdelincuentes también han adoptado otros vectores para llegar a las víctimas potenciales y engañarlos para que realicen una determinada acción como la producción de información, credenciales de inicio de sesión, y la extorsión. Hoy en día, el phishing también implica ataques de mensajes de texto SMS que ahora están siendo apodados como smishing. Smishing abarca todo, desde comunicaciones a través de LinkedIn y otras plataformas de redes sociales hasta llamadas telefónicas. Este tipo de ataques son cada vez más desenfrenados por los cuales la persona que la llamada le exige su número de identificación, número de cuenta o cualquier otra información confidencial. (Las principales tendencias de ciberseguridad en 2019 (y qué esperar en 2020), 2019)

El uso de teléfonos móviles como vector de ataque también estaba en aumento. Los hackers cambiaron su enfoque de otros vectores a los teléfonos móviles teniendo en cuenta el aumento en el uso de los teléfonos móviles. Casi todo el mundo tiene un teléfono celular que lleva dondequiera que vaya. Bueno, los teléfonos móviles se utilizaron anteriormente para llamar y enviar mensajes a sus seres queridos y colegas de oficina, pero desde el auge de los teléfonos inteligentes, las llamadas telefónicas y la mensajería es sólo la cosa del pasado. Ahora se utilizan para servicios más avanzados, como operar una cuenta bancaria a través de una aplicación móvil. Puede enviar o recibir pagos, pagar facturas de servicios públicos, pagar la recarga móvil y también transferir cualquier cantidad de dinero en efectivo a un amigo o socio comercial. También puede pagar la cuota escolar de su hijo. Ahora se están reservando vuelos aéreos desde teléfonos móviles y las habitaciones de hotel se alquilan con un solo clic. De hecho, para cada tarea importante de la vida, tenemos una aplicación para descargar y jugar. Puede descargar una aplicación de juego si usted está aburrido y una aplicación de yoga si desea hacer algún ejercicio. Puede descargar un conjunto de libros para leer su libro favorito y no hay escasez de cosas que puede hacer en un teléfono celular. (Las principales tendencias de ciberseguridad en 2019 (y qué esperar en 2020), 2019)

El punto es que la comodidad disponible por los teléfonos móviles es tan vasta que es difícil entenderlo en un solo párrafo, pero esta conveniencia no ha llegado sin sus riesgos para los usuarios finales. Los ciberdelincuentes pueden hackear un teléfono móvil e infligir una pérdida considerable al usuario haciendo transacciones no autorizadas o haciendo una llamada o mensaje falso que podría resultar en la pérdida de dinero.

Otra tendencia visible en el ámbito de la ciberseguridad es el auge del ransomware. Los ciberdelincuentes han estado atacando a individuos y empresas para extorsionar una gran cantidad de dinero en efectivo a cambio de desbloquear sus bases de datos. Ya he discutido este tema en su totalidad en los capítulos anteriores.

Una de las tendencias de ciberseguridad más importantes es el aumento del énfasis en la privacidad de los datos, el cumplimiento y la soberanía. Estados e industrias de todo el mundo han comenzado a examinar críticamente el estado actual de sus datos. Están revisando sus políticas de privacidad. La soberanía de los datos tiene diferentes formas. Las corporaciones están siendo reguladas por gobiernos de todo el mundo para adoptar prácticas estándar con respecto a los datos que recopilan de sus usuarios. Un ejemplo destacado es el tema de Facebook y Cambridge Analytica. (Las principales tendencias de ciberseguridad en 2019 (y qué esperar en 2020), 2019)

Un denunciante describió cómo una empresa que estaba vinculada con el ex asesor de Trump, a saber, Steve Bannon recopiló datos de usuarios para atacar a los votantes estadounidenses durante las elecciones presidenciales. La firma de datos, a saber, Cambridge Analytica, trabajó con el equipo electoral de Donald Trump y había trabajado anteriormente con la campaña del Brexit había tomado el trabajo para recolectar datos de millones de perfiles de Facebook en su mayoría de votantes estadounidenses. La historia reveló la mayor violación de datos en la historia de la ciberseguridad. Utilizaron los datos para desarrollar un programa de software robusto y avanzado para predecir e influir en los votantes que estaban a punto de emitir sus votos en un futuro próximo para votar en un nuevo presidente. (Las principales tendencias de ciberseguridad en 2019 (y qué esperar en 2020), 2019)

El denunciante reveló que la compañía actuó por voluntad de Steve Bannon, uno de los asesores clave para el presidente Donald Trump. Utilizaron la información recolectada de Facebook sin autorización para construir un sistema que pudiera dirigirse a los votantes individuales mediante la adaptación de anuncios personalizados.

Los datos fueron cosechados a través de una aplicación llamada thisisyourdigitallife. Durante el tiempo de recolección de datos, cientos de usuarios fueron pagados por la encuesta que tuvieron que realizar. Era una especie de prueba de personalidad. Se les dijo a los participantes que sus datos se utilizarían sólo con fines académicos, pero en realidad, se utilizaron en la campaña electoral. La aplicación excedió su mandato y pasó a recopilar los datos de los amigos de Facebook de los participantes de la prueba. Esto permitió a los controladores cosechar decenas de millones de cuentas. Facebook permitió la cosecha, pero prohibió utilizar los datos con fines publicitarios o publicitarios, pero el daño se hizo y el papel de Facebook en esta saga de eventos entró en el centro de atención. Se plantearon preguntas sobre el papel de Facebook en la conformación de los resultados de las elecciones presidenciales en los Estados Unidos. Tanto Cambridge Analytica como Facebook se convirtieron en el centro de atención de las noticias. Los políticos lo apodaron como un intento de apuntar políticamente con la ayuda de la enorme cantidad de datos que se recolectaron ilegalmente. (Las principales tendencias de ciberseguridad en 2019 (y qué esperar en 2020), 2019)

El Director Ejecutivo de Facebook Mark Zuckerberg fue convocado por el Congreso de los Estados Unidos para responder sobre el papel de Facebook en la recolección de datos. Se plantearon muchas otras preguntas, como la seguridad de un usuario mientras utiliza los servicios de una plataforma de redes sociales y lo transparente que es la política de privacidad de Facebook cuando se trata de la información de los usuarios y su seguridad.

A raíz de este tipo de ataques, se hicieron diferentes tipos de legislaciones y los líderes políticos y activistas de derechos humanos de todo el mundo se esforzaron por obligar a los gobiernos a legislar sobre el asunto. Todos estuvieron de acuerdo en que las personas deben ser informadas sobre cómo se utiliza o se utilizará su información. También se ha acordado que las personas deben saber cómo no permitir que su información sea compartida con un tercero. Se incrementó la seguridad y la soberanía de los datos. Además, ha habido un aumento en la seguridad de la información personal mediante el uso de cifrado, así como otros tipos de mecanismos.

(Las principales tendencias de ciberseguridad en 2019 (y qué esperar en 2020), 2019)

Otra tendencia que encabezó la lista fue el aumento de las inversiones en el campo de la ciberautomatización que es una ventaja muy importante en el campo de la ciberseguridad. Ha logrado ganarse una especie de posición en la industria de la ciberseguridad. En la parte posterior de la automatización, los usuarios pueden recopilar fácilmente datos sobre ciertos componentes de un sistema de información. Los datos se pueden utilizar posteriormente con fines de supervisión. El sistema automatizado de ciberseguridad ayuda a los propietarios de negocios a realizar un seguimiento del software y el hardware que han instalado en sus instalaciones para ver cualquier tipo de actividad sospechosa. Además de esto, mantiene un registro de todos los activos virtuales y físicos bien mantenidos manteniéndolos actualizados. Puede realizar ciertas pruebas de vulnerabilidad para identificar diferentes tipos de vulnerabilidades en el sistema. (Las principales tendencias de ciberseguridad en 2019 (y qué esperar en 2020), 2019)

## Las tendencias futuras en ciberseguridad

Las tendencias futuras entre las amenazas de ciberseguridad incluyen el aumento en el uso de tecnologías de inteligencia artificial por parte de las agencias de ciberseguridad, así como por los ciberdelincuentes. Los atacantes pueden manipular la IA y generar sistemas adversarios que albergan dos redes para competir por el aprendizaje de un conjunto de datos. En su búsqueda de aprender más rápido que el otro, estos sistemas adversarios resolverían los algoritmos de IA que se utilizan para asegurar el espacio virtual. Una vez que han descubierto un algoritmo, pueden construir su propio modelo para omitir el existente. Los datos se pueden utilizar para entrenar el nuevo modelo. El aprendizaje automático que es un subcampo de inteligencia artificial se utiliza para crear mensajes mucho más convincentes y personalizados en ataques de phishing que facilitan el robo de credenciales. También hará que sea más fácil plantar malware en un determinado sistema de red.

Crypto-jacking es otra técnica que se está volviendo común de una manera rápida. Se ha vuelto más valioso y está siendo bastante famoso en el mundo de los ciberdelincuentes. Se considera como una forma más rápida de obtener beneficios porque es la única técnica que se puede ejecutar bajo los radares de un sistema de seguridad.

La ciberdelincuencia se ha convertido en la mayor amenaza que las corporaciones y los gobiernos enfrentan en todo el mundo. Ha habido un aumento considerable en el número de ataques a sistemas informáticos públicos y privados. Los ciberataques se están convirtiendo en los crímenes de más rápido crecimiento en los Estados Unidos, y están aumentando el costo operativo de los negocios en todo el mundo. El hecho más problemático es que estos ataques son cada vez más sofisticados con el paso de cada día.

Los últimos años han sido interesantes con respecto a la ciberseguridad a partir de considerables avances en la naturaleza de la fuerza de los ciberataques y también en las contramedidas. La forma en que este campo está progresando en todo el mundo, los años venideros van a ser bastante interesantes. En los últimos años se ha observado un aumento significativo en el número de ciberataques y también en la intensidad de los ataques. Eso molestó a mucha gente y también dio paso a algunas soluciones viables para contrarrestar estos problemas. Echemos un vistazo a algunas predicciones de expertos sobre las tendencias futuras de la ciberseguridad.

1. La primera tendencia será el robo de datos que se convertirá en la manipulación de datos. Los hackers pueden ser vistos como manipuladores en lugar de ladrones. Este tipo de ataque será diferente del robo de datos porque apuntará a un daño a largo plazo. Estos ataques afectarán considerablemente la reputación de una organización o de un individuo o un grupo de personas. Tendrá el poder de hacer que la gente cuestione la integridad de los datos que han estado utilizando. Las grandes corporaciones han iniciado programas piloto para implementar sistemas de IA para comprobar la integridad de los datos en sus sistemas. El aprendizaje automático y la IA combinados reinventarán el mundo de la ciberseguridad. Esto puede suceder en la parte posterior de los enormes beneficios que ofrece la IA. Algunos de ellos se indican como en:

- Las soluciones de ciberseguridad basadas en IA están listas para funcionar las 24 horas del día sin tener que tener un peaje en su monedero caliente.

- Las soluciones de ciberseguridad basadas en IA pueden responder en un tiempo mínimo como un milisegundo en comparación con la respuesta tradicional al ciberataque que tarda horas, si no días, en derrocar al atacante.

- Las soluciones de ciberseguridad basadas en la IA tienen como objetivo simplificar el proceso de recopilación de datos y su análisis.

- Las soluciones de ciberseguridad basadas en IA se pueden emparejar entre sí para aumentar la respuesta a una amenaza mejorada y cualquier tipo de actividad sospechosa a través de análisis predictivos.

- Las soluciones de ciberseguridad basadas en IA le ofrecen un mayor acceso a una valiosa cantidad de datos que ayuda a los profesionales de la ciberseguridad a mejorar su rendimiento y capacidad de toma de decisiones.

- Las soluciones de ciberseguridad basadas en IA se ayudan mutuamente en la creación de un procedimiento de inicio de sesión basado en la biometría más preciso.

Por un lado, la IA ayudará a mejorar la ciberseguridad, mientras que por otro lado, también ayudará a los atacantes. Veamos cómo los atacantes establecerán una nueva tendencia mediante el uso de la IA para lograr sus objetivos. Vamos a desglosar los contras del uso de la Inteligencia Artificial.

1. Los atacantes utilizarán tecnologías cibernéticas basadas en IA, ya que ofrecen velocidad y eficiencia.

   Las soluciones de ciberseguridad basadas en IA pueden resultar bastante costosas que los enfoques tradicionales.

   Las soluciones de ciberseguridad basadas en IA necesitan más capacitación para los profesionales de la ciberseguridad para que sean eficaces y fáciles de operar.

2. Habrá un auge en el mercado laboral para los expertos en ciberseguridad. Los analistas creen que el mundo será testigo de una escasez de expertos en ciberseguridad en los días venideros debido a la alta demanda de grandes y pequeñas organizaciones. Serán los ataques en el lugar de trabajo lo que obligará a las organizaciones a contratar expertos en ciberseguridad de forma permanente. Las empresas se darán cuenta gradualmente ya sea por experiencia o por la teoría de que una política de ciberseguridad efectiva y tangible exigía que se creara una posición permanente en la organización.

Del mismo modo, las empresas harán hincapié en la necesidad de formación interna de los empleados. En lugar de optar por programas genéricos de ciberseguridad, las empresas adaptarán los programas de capacitación para satisfacer sus necesidades específicas.

3. La tercera tendencia que va a hacer olas en el ámbito de la ciberseguridad es la producción del Internet de las cosas (IoT) que es seguro por diseño. Es probable que esta tendencia gane vapor para el año 2021 o posterior porque, por el momento, las masas no se han dado cuenta de la debilidad inherente en los diseños de los dispositivos IoT. Esto va a tomar algún tiempo antes de que el mundo ve las debilidades en estos dispositivos que los hackers pueden explotar. A medida que los dispositivos IoT aumenten en los dispositivos, crearán problemas para individuos y organizaciones y se expondrán ante el mundo. Es muy probable que a partir de entonces, la producción de diseños más seguros comience en todo el mundo. Una debilidad que quiero ser eliminada al instante es el restablecimiento de fábrica duro que permite a cualquier persona tomar el control del dispositivo.

4. Una tendencia que también es desenfrenada en los tiempos actuales seguirá adelante en el futuro es que los atacantes encontrarán un objetivo suave en los consumidores. Harán uso de ransomware para apuntar a individuos y corporaciones de todas las formas, así como magnitudes. Ya he citado el ejemplo del ataque WannaCry que tuvo como rehén el Servicio Nacional de Salud del Reino Unido, además de las otras organizaciones de todo el mundo. Después de 2020 y en adelante, los ataques a los consumidores verán un aumento significativo en la

frecuencia y magnitud. Podrán dirigirse a los usuarios domésticos a través de IoTs como juguetes para niños. Es probable que este campo de ataque florezca porque es probable que las pequeñas empresas salten a la arena mediante la producción de dispositivos IoT baratos que tienen poca o ninguna seguridad. Mientras la gente siga cayendo por estos dispositivos baratos, habrá inseguridad en el mundo y los atacantes seguirán viendo un apogeo. Smart tv es otro dispositivo que permanecerá en la lista de éxitos de los atacantes. La única manera de disuadir este tipo de ataques es comprar los dispositivos que son seguros por diseño. Otra forma es sensibilizar a la gente sobre el tema de la violación de la ciberseguridad. Por ejemplo, se les debe enseñar para mantener el micrófono de la tv inteligente desactivado.

5. Los hackers disfrutan de un inmenso poder porque son anónimos. Cometen un crimen sin dejar rastro. Las tendencias futuras indican que los hackers se utilizarán para volverse invisibles y bien organizados. El poder de eludir la justicia y el castigo los hará más comercializados. Tal vez establecerán sus propios centros de llamadas para comunicarse con las víctimas. Estos piratas informáticos probablemente se basen en los países en los que los delitos cibernéticos apenas se consideran un delito importante, o puede ser cualquier lugar donde están fuera de los límites de las víctimas.

6. Otra tendencia importante que continuará en el futuro desde el presente es que el gasto en ciberseguridad verá un aumento considerable.

7. Otra tendencia importante a tener en cuenta es una racha continua de ataques a la infraestructura pública. Los ataques

de ciberseguridad en el futuro próximo se dirigirán altamente a los servicios públicos. Es probable que la infraestructura crítica se apodere de su posición como el objetivo número uno de los ciberatacantes. Los ataques a la infraestructura en el futuro afectarán a millones de personas, así como a gobiernos de todo el mundo. Los funcionarios de ciberseguridad utilizarán la vieja tecnología gastada para hacer ataques contra infraestructuras críticas. En algunos países, algunas infraestructuras críticas están controladas por un grupo de organizaciones privadas que por lo general luchan con la disponibilidad de fondos y no pueden canalizar recursos significativos en los proyectos de ciberseguridad para garantizar una seguridad infalible.

8. Es probable que los ciberatacantes se vuelvan más inteligentes con el tiempo. Pueden escribir un código dirigido que superará a los defensores y socavará seriamente su capacidad para contrarrestar el ataque o mantenerse por delante de él. De hecho, serán los atacantes los que se mantendrán por delante del tiempo. Los atacantes también son propensos a aumentar su uso de la Web Oscura que es una pequeña porción de la Web Profunda. Se cubrirán en la web oscura y se comunicarán con otros ciberdelincuentes para librar un ataque coordinado contra grandes objetivos, como importantes infraestructuras críticas.

9. Las brechas de ciberseguridad van a ser más difíciles de superar. Los ciberdelincuentes son propensos a crecer en sus actividades maliciosas con la ayuda de usar código malicioso. Por ejemplo, pueden crear y propagar ransomware que es uno de un tipo y que ofrecerá a las víctimas paquete para descifrar sus archivos de forma gratuita a cambio de

enviar el paquete ransomware a otros tres o cuatro usuarios para infectarlos. Así es como vigorizarán su ataque.

10. Otro tipo de seguro aumentará a raíz de algunos grandes y crecientes ataques de ciberseguridad que serán apodados como seguros cibernéticos. Este tipo de seguro se convertirá cada vez más en parte de una estrategia operativa que la industria de seguros debe adaptar ciertos productos que son específicos de las necesidades del cliente. El seguro cibernético verá un aumento y cubrirá la pérdida de reputación y clientes, la pérdida de cualquier ingreso futuro debido a cualquier campaña de medios negativos, y la destrucción de las redes y sistemas informáticos.

11. El mundo tecnológico preverá la creación de más puestos de trabajo en los campos de los funcionarios de ciberseguridad.

# Conclusión

Estados Unidos se ha quejado de que los hackers rusos se habían entrometido en las elecciones presidenciales de 2016. Fue un incidente importante. Los hackers rusos hackearon el Comité Nacional Demócrata y publicaron algunos correos electrónicos bastante confidenciales durante las elecciones presidenciales de 2016 en los Estados Unidos. Este episodio produjo un gran revuelo en los corredores legislativos de los Estados Unidos. Se revisó el poder y el impacto de la ciberseguridad y se elevó la importancia de la ciberseguridad, y por primera vez, la ciberseguridad se vio a través del contexto de las relaciones internacionales. El incidente no fue normal, ya que tenía el potencial de empujar a los dos países a una especie de conflicto. El nivel del ataque no tuvo precedentes en la naturaleza no sólo en los Estados Unidos, sino también en todo el mundo. La gente había empezado a ver la ciberseguridad desde una lente diferente. El incidente de Sony Pictures comenzó a girar ante los ojos de muchas personas que respondieron con sentimientos mixtos. Algunos de ellos mostraron un poco de sorpresa, y otros mostraron una preocupación extrema, mientras que algunos no mostraron ninguna reacción en absoluto.

Estados Unidos había acusado a un estado de ciberataque en el pasado a raíz del ataque a Sony Picture Entertainment, pero la escala y el impacto de este ataque no tenían precedentes. Significaba que cualquiera con una computadora podía cambiar el curso de una elección del país más poderoso del mundo. Pero para expertos experimentados en ciberseguridad, este desarrollo no es noticia. Desde el advenimiento de Internet a mediados de la década de 1990, el ciberespacio ha sido testigo de un crecimiento bastante sorprendente que llenó los bolsillos de millones de personas debido a la rápida comercialización, pero también empujó a la gente a las profundidades de la crisis. La ciberseguridad ha subido la escalera y ha llegado a los jefes del Estado que han comenzado a ver la seguridad del mundo de una manera diferente. Los estudiosos de las relaciones internacionales ven esta nueva disciplina como un subcampo de estudios de seguridad con un enfoque especial en las implicaciones de la tecnología para la seguridad internacional. Esto tiene en cuenta sus efectos sobre la soberanía, el poder y la gobernanza mundial.

La ciberseguridad ha ganado considerable atención durante los últimos años en la parte posterior del hecho de que el atacante generalmente no se conoce. Esto crea mucha confusión y sospecha que son muy insalubres para un entorno internacional pacífico. Las grandes naciones a veces utilizan proxies para hacer ciberataques y después los etiquetan como pícaros para evitar la confrontación directa con el poder con el que están lidiando. Hemos visto esto en el ataque del Corán del Norte a Sony Pictures. Corea del Norte denunció el ataque apreciando su acto como patriótico. Del mismo modo, cuando los hackers rusos se entrometieron en las elecciones estadounidenses, Vladimir Putin, el presidente ruso, niega cualquier participación del Estado en el ataque, pero añadió a la cola de su discurso que algunos hackers rusos de mentalidad patriótica podrían haber cometido ese acto. Parecía haber estado apreciando lo que los hackers habían hecho al país que tenía una larga historia de enemistad con Rusia.

Si Putin hubiera reclamado el ataque, habría habido una guerra total entre las dos superpotencias del mundo. La ciberseguridad está desempeñando un papel crucial en las relaciones internacionales porque la amenaza de la guerra nuclear y la destrucción mutua asegurada como resultado de la guerra han afectado negativamente al escenario estratégico mundial. Los humanos, por naturaleza, no pueden vivir sin un concurso. La guerra física no es posible, ya que la amenaza de la guerra nuclear sigue acechando sobre los participantes de la guerra. Podemos ver esto en el subcontinente donde la India y Pakistán, las dos potencias nucleares, han hecho del subcontinente un punto de inflexión nuclear en la zona. A pesar de que la posibilidad de un conflicto sigue siendo alta, la idea de una guerra caliente no suele ser perseguida por los dos países. Así que si los países deben entrar en un conflicto, eligen el reino cibernético para luchar entre sí. La ciberguerra es un modo avanzado de guerras frías. He citado el ejemplo de un escenario en el que la India respondió con un ataque de piratería después del ataque de Pulwama. Del mismo modo, Corea del Norte atacó a Sony Pictures a través de una brecha de seguridad cibernética porque no tenía el poder de enfrentarse a los Estados Unidos y también tuvo que dar una respuesta adecuada a Sony Pictures para hacer la película que era una suplantación de un intento de asesinato contra Kim John Un.

Las cuestiones de ciberseguridad son cada vez más letales día a día y sigue siendo dudoso que ayude a mejorar las relaciones internacionales. Hasta ahora, ha demostrado un gran potencial para complicar y destruir las relaciones internacionales.

Este libro ha explicado todos los detalles necesarios sobre el tema de la ciberseguridad. Usted ha aprendido cuáles son los fundamentos de la ciberseguridad. También has aprendido cuáles son las motivaciones generales detrás de un acto de ciberdelincuente. He discutido en detalle fue la ingeniería social es y cómo es utilizado por los piratas informáticos maliciosos para infiltrarse en una instalación. Luego pasé a explicar el terrorismo cibernético, sus tipos y sus efectos adversos en el mundo moderno, como las relaciones entre los países y la paz general del país.

# Referencias

Browster, T. (2017). Así es como la CIA presuntamente hackeó Samsung Smart TV -- y cómo protegerse. Obtenido de https://www.forbes.com/sites/thomasbrewster/2017/03/07/cia-wikileaks-samsung-smart-tv-hack-security/#4ffd6ca4bcd5

Castor, K. (2004). Hacking Para Dummies [PDF]. Obtenido de http://index-of.co.uk/Hacking-Coleccion/81%20-%20Hacking%20For%20Dummies%20%5B-PUNISHER-%5D.pdf

La ciberdelincuencia daña $6 trillones para 2021. (n.d). Obtenido de https://cybersecurityventures.com/hackerpocalypse-cybercrime-report-2016/

Ciberterrorismo. (n.d). Obtenido de https://web.archive.org/web/20030110120948/http://www.ncsl.org/programs/lis/CIP/cyber-terrorism.htm

Ciberseguridad: la motivación detrás de los ciber-hacks [Infografía]. (n.d). Obtenido de https://bigdata-madesimple.com/cybersecurity-the-motivation-behind-cyber-hacks-infographic/

Ranger, S. (2017). Defendiendo contra la ciberguerra: Cómo la élite de la ciberseguridad está trabajando para prevenir un apocalipsis digital. Obtenido de https://www.techrepublic.com/article/defending-against-cyberwar-how-the-cybersecurity-elite-are-working-to-prevent-a-digital-apocalypse/

Las principales tendencias de ciberseguridad en 2019 (y qué esperar en 2020). (2019). Obtenido dehttps://www.thesslstore.com/blog/the-top-cyber-security-trends-in-2019-and-what-to-expect-in-2020/

9 Asuntos de Ciberespionaje más recientes. (7 de marzo). Obtenido dehttps://blog.eccouncil.org/9-latest-cyber-espionage-affairs/